U0100850

古塔

耸立的骄傲

古迹寻踪丛书

康桥 编著

上海辞书出版社

跨越千年 宛若初见

◎丛书前言◎

搜尽奇峰打草稿，幽亭古桥思千年。著名建筑学家梁思成认为，“建筑是人类一切造型创造中最庞大、最复杂、也最耐久的一类，所以它所代表的民族思想和艺术，更显著、更多面，也更重要”。

中国文化，博大精深。文化古迹，遍布中华。从古道西风的塞北，到杏花春雨的江南，到处是重楼飞阁、禅院道观、帝王陵墓、名人遗迹……

丰厚的文化遗产，吸引了世界的目光。清末民初，来自欧美和日本的探险家、旅游者和学者，包括瑞典人斯文·赫定、喜龙仁，英国人斯坦因，法国人沙畹、谢阁兰、伯希和，俄国人科兹洛夫、奥登堡，德国人李希霍芬、格伦威德尔，美国人亨廷顿，日本人大谷光瑞、伊东忠太、滨田耕作、关野贞、常盘大定、鸟居龙藏……纷纷从陆路或海路来到中国，深入各地，实地调查古迹遗存。时值照相技术兴起，他们拍摄了这些文物最早的珍贵照片，并撰写调查报告和研究著作，使这些史迹和文物进入世界的视野。

如此，20 世纪上半叶出现了有关中国文化古迹的“四大名著”：一是法国学者沙畹的《华北考古图录》(1909)，二是日本学者大村西崖的《中国美术史雕塑篇》(1915)，三是瑞典学者喜龙仁的《五至十四世纪中国雕塑》(1925)，四是日本学者常盘大定与关野贞合著的《中国文化史迹》(1939—1941)。其中，《中国文化史迹》图片最丰富、涉及史迹最多、解说最为详尽，可以说是集大成之作。

《中国文化史迹》比较全面地介绍了中国百年前有代表性的建筑、宗教、艺术等文化史迹。古建筑和园林艺术家陈从周说过：“余治中国建筑史，初引以入胜者，其唯《中国文化史迹》诸书，图文并茂，考订精核，私淑焉，四十年来未能去怀。”

经历百年的时代巨变，《中国文化史迹》所反映的史迹和文物，已经有很大的变化，其中多数史迹和文物基本完好地保存至今，但也有相当部分由于各种人为或自然的因素，或已不存，或已损坏。

我们试图用最年久的老照片、最新撰写的文字，让广大读者能够分享这份珍贵的文化遗产，领略中国文化古迹之美，从而更加真切地感知中华文明的精粹。因此，我们策划了这套丛书。丛书分为四个主题：佛像、碑刻、古塔、亭台楼阁。

一方面，我们按照不同主题精选了《中国文化史迹》中的珍贵照片，包括一批反映地形地貌、建筑布局的线描图。回望百年前中国文化遗迹的最初影像，这些具有原始性、纪实性、现场性的百年旧影，所展现的古迹之美，震撼人心。

另一方面，我们按照四个主题，共精选了 81 个最具有代表性的古迹，以古迹生成时间为序，用最新创作的文字，从地理、历史、美学等角度，把读者带入各个文物现场，试图展现每一处古迹的来龙去脉，解析其千百年来所经历的战争摧残、风雨剥蚀、人为损坏、外人掠夺的沧桑岁月，总结历史人物在其中的作用，揭示历史的因果关系，描述现今的保存状况，并介绍考古方面的最新研究成果。

除此之外，我们还采用图文并茂的方式，介绍了相关的文化常识。

文化遗迹记录历史，述说沧桑，传承文明。1982 年 4 月 18 日，国际古迹遗址理事会首次提出设立国际古迹遗址日。1983 年 11 月，联合国教科文组织批准设立，并号召各成员国倡导和推行“4・18 国际古迹遗址日”。2020 年国际古迹遗址日的主题是“共享文化、共享遗产、共享责任”；2021 年主题是“复杂的过去，多彩的未来”；2022 年的主题是“遗产与气候”；2023 年的主题是“变革中的文化遗产”。中国拥有辉煌灿烂的文化遗产，是世界遗产数量最多的国家之一。在追求经济发展的大背景下，更需要共同守护好祖国的文化遗产，讲好中国故事，贡献中国智慧。

因此，我们盛情推出本套丛书，期待更多的人了解并重视我们的传统文化遗产，让源远流长的中华文化发扬光大。

序言

建筑是凝固的文化，在所有建筑类型中，塔或许是最震撼人心的。

世界各个古代文明，都表达了对天空的渴望，《圣经》里就有建造巴别塔的传说。在中国，这种渴望就表现为塔。现存古塔3 000多座，立于地面，耸向天空，是古人信仰的凝聚，不仅具有象征意味，而且是可望、可游、可居、可登临的通天建筑，从而成为中国建筑史上惊艳的一笔。

梁思成在《中国的佛教建筑》（1961）一文中指出："在中国的佛教建筑中，佛塔是值得作为一个特殊的类型进行阐述的……经过长期的发展，中国历代的匠师创作出了许多不同的塔型，大量佛塔遍布中国，成为一份极其丰富的遗产。"

塔，源自古印度的"窣堵波"，原为砖石砌成的覆钵形坟冢，内藏佛祖舍利，为实心建筑，后成为高僧圆寂后的墓塔，也收藏佛经、高僧遗物及各种法器。

古印度还有一种"支提"，就是在山体开凿一个石窟，窟内后部石雕佛塔，内无舍利，塔前留有一个礼佛空间。传入中国后，形成了众多石窟寺。

李约瑟在《中国科学技术史》指出："塔是中国风景的一个重要特征。"来自古印度的"窣堵波"，与中国的楼阁阙观相结合，造就了后世多种多样的古塔。

东汉永平十年（67），印度僧人摄摩腾和竺法兰两人用白马驮载佛经来到洛阳。次年，中国第一座佛教寺院白马寺建成，包括印度式样的大方木塔，这是中国第一座木塔；东汉建安二十五年（220），也就是东汉末年，豪强与佛教领袖笮融在丹阳地区建起大量木塔，"大起浮屠，上累金盘，下有重楼"，奠定早期基本塔型；西晋太康六年（285），洛阳建起了二层砖塔；北魏皇兴元年（467），平城（今山西大同）建起高层砖塔。

与此同时，不见于甲骨金文的“塔”（墖）字，开始出现在东汉末年的汉译佛经中。两晋时期，“塔”字收录到《字书》和《要用字苑》。而“窣堵波”及其意译“方坟”“高显”“圆聚”，渐渐淡出历史。

著名学者罗哲文指出：“任何形式的文学艺术都没有一成不变的固定模式，作为佛教信仰的重要标志之一的佛塔也是这样的。”岁月更迭，历代古塔在造型、材料、体量、结构、功能、装饰、位置等方面，都发生了很大的变化：层数，一般为单数，从单层、三层、五层、七层、九层、十三层、十五层，到十七层；造型，有楼阁式、密檐式、亭阁式、花塔、喇嘛塔、过街塔、金刚宝座塔等，可谓千姿百态；排列位置，有孤立式塔、对立式塔、排立式塔、方立式塔，即单塔、双塔、三塔、五塔、塔列（塔墙）、塔林等组合方式；材料，从木质到砖石、琉璃，乃至金属；功能，从珍藏舍利，到登高览胜、瞭望警戒、导航引渡、补全风水、振兴文运、纪念名人、震慑妖孽等，越来越趋向世俗化；佛塔在寺庙的位置，也渐渐从寺庙中心，变为前塔后殿、前殿后塔，到寺院边缘，甚至游离于寺院之外；时代风格上，从汉魏时期的雄浑豪放、隋唐时期的丰腴圆润、宋代的清秀典雅、辽金的雄健华丽、元代的高大奇异，发展到明清时期的繁复华美。

纵观历史，以北魏、唐、宋、辽、明五个朝代建塔数量最多。这些古塔，无不材料精良，结构巧妙，技艺高超，不仅富有历史、建筑、考古价值，而且是一座座珍贵的艺术宝库。更重要的是，巍峨耸立的古塔丰富了寺院园林的三维空间，建筑的组合结构不再是单纯的横向展开，而是以竖破横，出类拔萃，直冲云霄，造就出高低错落、层次丰满、气韵生动、震慑人心的景观。

山河壮丽，古塔高耸，历代登塔、咏塔、题塔的诗句不胜枚举：谢灵运“谢丽塔于郊郭，殊世间于城傍”；薛道衡“净土连幽谷，宝塔对危峰”；岑参“宝塔凌太空，忽如涌出时”；李白“天上白玉京，十二楼五城。仙人抚我顶，结发受长生”；白居易“半月悠悠在广陵，何楼何塔不同登。共怜筋力犹堪在，上到栖灵第九层”；刘禹锡“步步相携不觉难，九层云外倚阑干；忽然笑语半天上，无数游人举眼看”；苏辙“晚阴生林莽，落日犹在塔。行招两社僧，共步青山月”；王安石“飞来山上千寻塔，闻说鸡鸣见日升。不畏浮云遮望眼，自缘身在最高层”；范成大“南浦春来绿一川，石桥朱塔两依然”；张时彻“芙蓉昼见金银气，宝塔宵看舍利明”；乾隆帝“何分西土东天，倩他装点名园”……可见，巍巍古塔，令人神往，是民族精神的丰碑，常被称为“宝塔”。

岁月更迭，千年沧桑。古塔周边的寺院、庙宇或许会湮灭，古塔却能够历经前世今生，依然雄浑挺拔，展示顶级营造的奇迹，彰显高耸云天的骄傲。

古塔，直面风起云涌，见证人世沧桑，不仅见证历史，而且像一支巨笔书写着历史，讲述千年风云变幻，阅尽百代人生。

一座古塔，就是一则传奇。守护古塔，就是守望文明。

目录

相关文化常识

1. 八王分舍利

据佛教经籍记载，释迦牟尼涅槃后，佛骨舍利被视为启迪智慧与修成正果的象征。因此，当时有八个诸侯国的国王抢分了这些佛骨舍利，分别在释迦牟尼一生中有纪念意义的八个地点建造八大灵塔用以纪念，同时借以体现国家的强大与统一。这就是古印度历史上的“八王造塔”，也是佛教史上最早的建塔。

2. 阿育王造塔

阿育王是孔雀王朝的第三代君主，因目睹战争带给人民的巨大灾难和痛苦，受到极大震动，停止武力扩张，皈依佛门，并大力弘扬佛法。他打开佛陀入灭后“八王分舍利”的舍利塔，取出遗骨，重新分为八万四千份，建八万四千座舍利塔，把舍利分别安奉于塔中。此举对佛教的发展产生了极其深远的影响，使得佛教走出印度，成为世界性的宗教。

3. 窣堵波

古印度的“窣堵波”，最早是埋藏佛祖舍利的地方，是佛陀涅槃重生、往登极乐的象征。实心建筑，整体呈覆钵状，为低矮敦实的半圆形，由台基、覆钵、宝匣、相轮四部分组成。印度现存比较完整的“窣堵波”是桑

奇大塔，有绕塔围栏。底部有基台，上有方形平台，平台中央是覆钵形塔体。

4. 支提

古印度刻有纪念性佛塔和其他雕刻的石窟，塔在窟的后部，塔前有一个较大的礼佛场所。又称“塔庙”“精舍”。传入中国后，有较大变化，称“塔庙窟”“塔洞”。

5. 塔

源自古印度的“窣堵波”在汉代时传入中国后，与中国的楼阁相结合，成为有特定的形式和风格的中国传统建筑形式。现存古塔 3 000 多座，样式丰富，是中国建筑艺术一个重要类型，以楼阁式和密檐式为主。14 世纪后，逐渐世俗化。一般由地宫、塔基、塔身、塔刹组成。

6. 地宫

又称“龙宫”或“龙窟”。与将佛陀舍利置于高处的印度佛塔不同，受“入土为安”“事死如事生”等中国传统观念的影响，中国佛塔多建有地宫，即位于塔基正中地下建筑部分，类似陵寝建筑，是中国丧葬文化与塔式建筑的结合。地宫用来珍藏舍利，或用珍珠、玛瑙、宝石等代替，也藏有佛经、法器等。地宫一般由砖石砌筑而成，平面呈方形、六角形、八角形和圆形。根据塔的体量以及规格等级，地宫大小规格不同。小的地宫仅几尺见方，大的地宫分为前室、后室、耳室，为结构复杂的地下陵寝。如西安法门寺地宫参照了唐代皇室的墓葬结构，共设石门四道，是迄今发现的最大佛塔地宫。

7. 塔基

塔基包括基台和基座。

基台是塔的下部基础，覆盖在地宫的上面，多为方形。

基座位于基台之上，承托塔身，早期采用仰莲座，后以须弥座为主。须弥座又名“金刚座”，由佛座演变而来，早期的须弥座由数道直线叠涩与较高束腰组成，装饰简单；后期的须弥座形体复杂，有用整块石雕成莲花状，也有用多层砖石构件叠涩而成，上置佛龛、佛像，并有莲瓣、卷纹、力神、角柱、间柱等装饰。样式上，主要有宋式、清式两种版本。宋式须弥座有十三层，清式须弥座仅有七层。

8. 塔身

塔身是塔的主体部分。通过塔身的形制，区分塔的各种类型，从古印度的覆钵式塔、金刚宝座式塔，逐渐衍生出楼阁式塔、密檐式塔、亭阁式塔、花塔、过街塔等形制。从数量上说，以楼阁式和密檐式居多。按照塔身的层数，也可以分为单层、三层、五层、七层、九层、十三层、十五层，到十七层。据《魏书·释老志》记载：“凡宫塔制度，犹依天竺旧状而重构之，从一级至三、五、七、九。”中国佛塔塔身的层数，多为奇数。

9. 塔刹

刹，是梵文的音译，有土田、国土、佛国、佛域等含义。塔刹是塔顶攒尖收尾的重要部分与显著标志，也是一塔之魂。有圆形和尖形，材料有砖石砌筑或金属制成，形式多种多样，通常由刹座、刹身、刹顶和刹杆组成。

“冠表全塔”“无塔不刹”，塔刹本身就是一座小塔，比例大为缩小，由此构成塔上有塔的造型，使得整体上雄伟挺拔，高插云天。

刹杆外套贯的圆环，被称作相轮。“相”，意为“人仰视之”，因此相轮具有圆润、高显、说道、瞻仰等含义，其作用就是塔的仰望标志，用以敬佛礼佛。塔的等级越高，相轮的数目就越多。相轮之上，也有再加宝盖、圆光、仰月和宝珠等部件，富有中国传统审美特色。

10. 楼阁式塔

中国古塔中的历史中最悠久、时间跨度最长、体形最高大、保存数量最多的形制，整体高大雄伟，是汉民族所特有的、最能代表中国文化特色的样式。

主要结构是由层层的楼阁和塔刹两部分组成，楼阁部分各层间距较大，有塔檐、门窗、平座，内设木梯，可登临眺望。现存著名的楼阁式塔，如西安大雁塔、山西应县木塔、河南开封祐国寺铁塔、杭州六和塔等。

11. 砖木楼阁塔

砖木楼阁塔，又称砖身木檐塔、仿木结构楼阁式塔，以砖石木料相结合，介于砖与木之间，兼具砖石建筑耐久性与木结构美观性，在坚固、实用、美观之间取得平衡，也被认为是中国最美的一种佛塔。平面多为六角形与八角形，内部结构有单筒、双套筒和套筒柱三种。

12. 密檐式塔

密檐式塔是由楼阁式塔发展演变而来，在数量和地位仅次于楼阁式塔，其形体一般也很高大。

密檐式塔的特点是底层大而高，遍布具有浮雕和仿木构件，是全塔的重心所在。从第二层往上各层开始收杀，塔内空间狭小，也有的是实心填充，不便登临。各层之间的密檐紧密相接，因此得名。外观上比例协调有致，整体形似纺锤，造型简洁，曲线优美，极具感染力。

早期密檐式塔受楼阁式塔影响，多为四面方形结构，后期有六边形、八边形，砖石之间的咬合更加紧密，承重受力也更加均匀。

河南登封嵩岳寺塔、西安小雁塔、云南大理千寻塔，都是密檐式塔中的精品。

13. 亭阁式塔

亭阁式塔，由印度的覆钵式塔与中国建筑“亭”两者结合而成，塔身外表形如一座亭子，单层，体量较小，有的在顶上再建一个小阁。塔身内部常设立佛龛、塑有佛像。因结构简单，体量较小，因此易于建造，通常用作高僧墓塔。平面有四角形、六角形、八角形等。苏轼写有名诗：“人生到处知何似，应似飞鸿踏雪泥。泥上偶然留指爪，鸿飞那复计东西。老僧已死成新塔，坏壁无由见旧题。往日崎岖还记否，路长人困蹇驴嘶。”

14. 花塔

一作华塔，源自《华严经》中关于华藏世界的描述，用来表现佛教中的莲花藏世界。造型别致，一般下部为单层亭阁式或多层楼阁式塔身。上部装饰繁复，为浮雕精美的圆锥形塔冠，内容多为佛龛、佛像、菩萨像、神兽、花瓣等。犹如巨型花束盛开，蕴含着一种细腻温馨的美。

花塔出现于唐末，盛行于宋辽金时期，到元代基本绝迹，历时两百多年，总体趋势是原来越精美，但建造数量不多。如山西太原蒙山开化寺花塔、河北正定广惠寺花塔、北京房山万佛堂花塔等。

15. 覆钵式塔

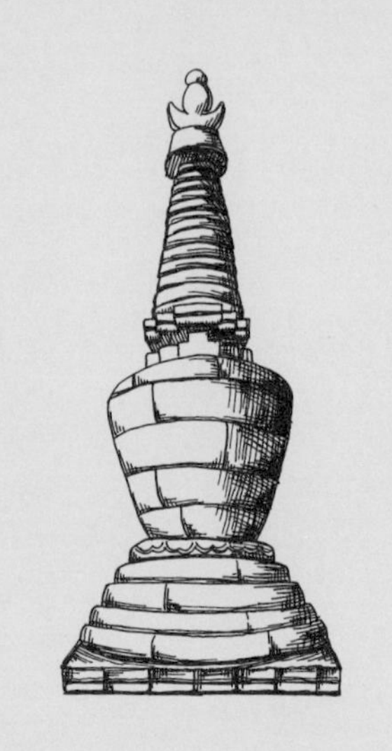

又称喇嘛塔、宝瓶式塔，为藏传佛教所常用。又因塔身白色，常称白塔。造形最古老，盛行于元明清。

结构为下有须弥座承托，上有瓶状式的塔身，上有高大塔刹。具体可分为：栏楯、基坛、塔身、覆钵、平头、轮竿、相轮、宝瓶等。塔身巨大，富有震撼力。

著名的覆钵式塔有北京北海白塔、山西五台山塔院寺大白塔、宁夏青铜峡市一百零八塔等。

16. 过街塔

城门上的塔，因修建于交通要道之上而得名，始建于元代。

其结构下为人、车、马通行的门洞，上为喇嘛塔。过街塔最能适应信徒简约性礼佛需要，不必烧香拜佛，从塔下经过，就算是礼佛一次。

著名的过街塔，如北京居庸关“云台”、江苏镇江“昭关”等。

17. 金刚宝座塔

以组群形式出现的宝塔样式，原型为古印度塔，下部是为一方形巨大高台，台上建五个正方形密檐小塔。明代以后开始流行。

五塔代表密宗五方五佛，中塔较

为高大，形成四周围合布局。建塔的样式有密檐式塔、楼阁式塔、喇嘛塔等。

著名的金刚宝座式塔有：北京真觉寺塔、北京碧云寺金刚宝座塔、内蒙古呼和浩特市慈恩寺的金刚宝座塔、昆明妙湛寺金刚宝座塔等。

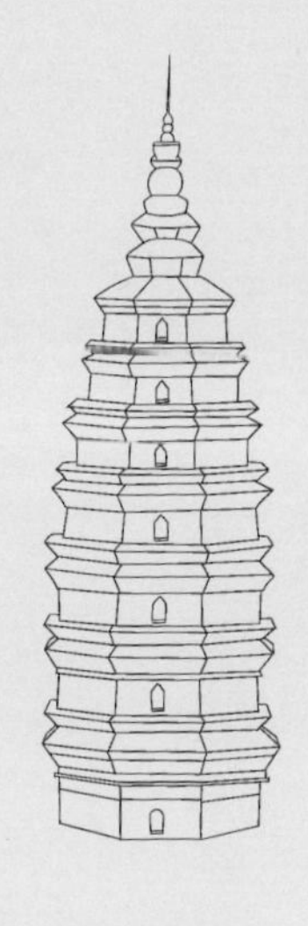

18. 报恩塔

报恩塔是中国佛、儒合流的一个文化“产品”。

佛教原有“报四重恩”（佛恩、父母恩、国恩、众生恩），如建于唐太极元年（712）的广东云浮报恩塔。后多为报母亲养育之恩建塔，如唐贞观二十二年（648）李治建慈恩寺，后又建成慈恩寺塔；明成祖朱棣于永乐十年（1412）建南京大报恩寺塔。

19. 料敌塔

塔身高大，不仅可以礼佛观光，也因塔上视野开阔，便于瞭望敌情，故名料敌塔，或瞭敌塔。

最著名的料敌塔，如北宋至和二年（1055）建成的河北省定州市开元寺塔，因位于宋、辽时期军事冲要之地，宋人利用此塔瞭望敌情。此外应县木塔，也有料敌作用。

20．文峰塔

又称文风塔、文笔塔、文兴塔，塔形如笔，直指苍穹，是中国古代科举制度下，儒生为求功名利禄、张扬文气的象征，因此是一种风水塔。文峰塔的建造目的是营建好的风水，但同时也兼具观赏与地标作用。多为明清地方官员建造，建于文庙、山顶、路头。

嵩岳寺塔

现存最早的密檐式砖塔

021

嵩岳寺塔，是驰名中外的古塔，不仅是密檐式塔的典型，也是中国现存最早的砖塔，已经巍然屹立 1 500 个春秋。

1961 年，被国务院列为第一批全国重点文物保护单位。

1984 年开始，塔体损毁日趋严重，塔身和密檐多处有裂缝与崩塌，并有倾斜现象。在国家文物局、河南省文化厅、河南省文物局的统筹安排下，河南省文物建筑保护研究院对嵩岳寺塔进行保护勘察、修缮工程，于 1991 年竣工。

2007 年，包括嵩岳寺塔在内的嵩山地区，被国家旅游局批准为国家 AAAAA 级旅游景区。

2010 年，包括嵩岳寺塔在内的登封“天地之中”历史建筑群，被联合国教科文组织列为世界文化遗产。

密檐式塔

“塔”有两个含义：

一是“窣堵波”。“窣堵波”是古印度孔雀王朝阿育王时期开始建造的砖石砌成的覆钵形半球体坟冢，埋葬佛祖释迦牟尼火化后留下的舍利。“窣堵波”是实心建筑，由台基、覆钵、宝匣、相轮四部分组成。

二是“浮屠”。佛教建筑“窣堵波”，在汉代传入中国，与中国本土建筑“重楼”相结合，形成了中国的塔这种建筑形式，当时称为“浮屠”。

最早的塔，采用木质结构。从塔的形制看，木塔适合建造楼阁式塔，优点是抗震性强、能够登塔眺望，缺点是金属塔刹与木质塔身容易毁于雷火与战火。

从现存的古塔看，用砖石砌成的密檐式塔保存很多，而木塔很少。如今唯一留存的唐宋时期的木塔，是应县木塔。

密檐式塔，出现于北魏中期。当时，烧砖与用砖技术发展，砖塔逐渐替代了木塔。砖块不如木料那样可以自如地长短弯曲，因此在塔檐挑翘幅度和造型上受到一定限制，但是，砖砌技艺上运用了“叠涩”的砌筑方法，塔檐砌筑也很有特色。一方面，密檐之间多设有仿制门窗，砖塔身上饰以浮雕纹样，美观多变的外形在一定程度上弥补了砖塔平板单调的缺陷；另一方面，又在砖砌上采用仿木结构，因此，我们今天可以看到各种风韵的密檐式塔。

梁思成在《我国伟大的建筑传统》（1951）一文中说："由全国无数的塔中，我们得到一个结论，就是中国建筑，即使如佛塔这样完全是从印度输入的观念，在物质体形上却基本地是中华民族的产物，只在雕饰细节上表现外来的影响。《后汉书·陶谦传》所叙述的'浮图'（佛塔）是'下为重楼，上叠金盘'。重楼是中国原有的多层建筑物，是塔的本身，金盘只是上面的刹，就是印度的'窣堵波'。塔的建筑是中华文化接受外来文化影响的绝好的结晶。塔是我们把外来影响同原有的基础结合后发展出来的产物。"

嵩岳寺

嵩岳寺在登封城西北约6千米的太室山南麓，初建于北魏永平二年（509），原是北魏皇室的离宫，建有凤阳殿、八极殿等殿宇。孝明帝于正光年间（520—525），舍离宫建寺，称"阙居寺""闲居寺"。僧稠禅师根据跋陀的指示，住锡嵩岳寺；隋开皇年间（581—600），寺院复兴；隋仁寿元年（601），改称"嵩岳寺"，并建两座舍利塔，分别供奉佛牙与佛舍利。后周废佛之际，寺被改成道观，塔被改成坛；唐代李邕《嵩岳寺碑》称："广大佛刹，殚极国财。济济僧徒，弥七百众；落落堂宇，逾一千间。"

据《洛阳城北伽蓝记》《魏书》《嵩岳寺碑》《续高僧传》等文献记载，自北魏至唐代中期，嵩岳寺是全国著名的佛教胜地。

清代学者景日昣《说嵩》中记载："寺故元魏宣武帝离宫也。建于永平二年。诏冯亮、与沙门统僧暹，河南尹甄琛，视形胜处，创兴焉。有凤阳殿，八极殿。明帝正光时，傍闲居寺。广大佛刹，殚极国财。僧徒七百众，堂宇逾千间。建立十五层塔。"

唐高宗和武则天游嵩山时，曾把嵩岳寺作为行宫。唐中宗时期，神秀

嵩岳寺十二角十五层砖塔

住锡此寺，为北宗禅道场。

唐代后期至明清时期，由于当地的佛教中心逐渐分散到少林寺等寺院，嵩岳寺逐渐衰落。现存寺院，规模比历史上缩小很多。

历经 1 500 年的风雨，千间殿宇虽已不存，两座舍利塔也已倒塌，但嵩岳寺塔经过整修后，依然按照原有形制巍然挺立。

嵩岳寺塔的地上部分

据文献记载，汉魏时期的塔，多为木构楼阁式，后逐渐转变为砖石材料的密檐式塔。

密檐式塔，多为砖石结构，各塔檐紧密重叠。与楼阁式塔相比，密檐式塔大多不能供人登临远眺。

嵩岳寺塔，就是这个转变过程中的早期实例，是密檐塔早期形态的代表。

嵩岳寺塔，建于北魏正光元年（520），运用叠涩的砖砌技艺，呈现出“发地四铺而耸，陵空八相而圆”的宏浑造型。

全塔由基台、塔身、密檐和塔刹四部分组成，除了基台为石制，其余均用青灰条小砖垒砌，塔身中空，呈筒状。

值得一提的是砌砖方式：小青砖之间用糯米汁拌黄泥做浆，黏结牢固，不易风化。这种选材及用料非常独特，采用中原地区的物产，符合中原地区的气候特点。

塔平面为十二边形，是塔中孤例。塔高 15 层，总高约 40 米。

基台简约，低矮而简朴。十二边形，高 0.85 米，宽 1.60 米，为后世重修。

底层高大，四面各辟一券门通向塔心室，以叠涩平座分上下垂直两段，下段高 3.59 米，上段高 3.73 米。直径 10.6 米，内径 5 米余，壁体厚 2.5 米。转角有八角形倚柱，四面入口、门楣及佛龛，设有莲花圆拱，圆拱顶点装饰有三叶，拱内的壁面之上开有长方形的窗户。三层砖构成隅撑，各角的片盖柱还有础盘。底层内部为长方形小室，

嵩岳寺十二角十五层砖塔局部

后壁有佛像背光图案，原为供置佛像的佛龛，龛下部为长方形须弥座。

从内部看，塔心室为八角形直井式，原以木楼板分为十层，现木楼板已不存。二层以上相通，塔身层高逐层变矮。

从外部看，底层以上的密檐塔身，叠涩出挑，没有斗拱。塔身自下而上，逐层收分。外轮廓收分柔和，密檐逐层收缩曲线和间距，各层塔檐由 14 层砖隅撑重叠在一起，各层的壁面之上，中央有小莲花拱，壁龛基座有壶门和狮子装饰。左右开有各式格子窗 492 扇，其中南面第 5、7、9、10、11、13 层及东南面的第 15 层各辟一个真正的门洞采光口。外部砖壁表面，饰白灰皮。

塔刹部分，自下而上由基座、覆莲、须弥座、仰莲、相轮及宝珠等组成，通高 4.745 米，为唐代中后期重修。站在塔下仰望，塔刹类似一座小塔。1989 年，维护工作人员在塔刹内发现两座天宫，分别位于宝珠中部和相轮中，内有银塔、瓷瓶、舍利罐、舍利子等文物。

从整体看，嵩岳寺塔形制独特，形态雄健，集稳重与秀丽于一身。塔身各部为“宝箧印经”塔式样，深受古印度佛塔的影响。其中火焰形尖拱等，是古印度犍陀罗艺术风格。作为北魏时期建造的佛塔，嵩岳寺塔是古印度建筑与中原地区佛教古建筑相融合的早期实物见证。其细节部分，与唐宋以后的砖塔完全不同。

唐代诗人白居易的诗作《夜从法王寺下归岳寺》:“双刹夹虚空，缘云一径通。似从忉利下，如过剑门中。灯火光初合，笙歌曲未终。可怜狮子座，舁出净名翁。”其中，“双刹夹虚空”的“双刹”，说的就是法王寺舍利塔和嵩岳寺塔。

嵩岳寺塔体现了我国古代建筑技艺的高超水平，对后世产生极大影响，西安小雁塔、香积寺塔等均脱胎于此塔。而且，当代建筑如郑州会展宾馆、上海金茂大厦，都以嵩岳寺塔为设计原型。嵩岳寺塔的砖壁空心筒体结构，成为现代钢筋混凝土高层筒体结构的雏形。

嵩岳寺塔对东亚邻国的塔类建筑具有深远影响，如日本奈良元兴寺极乐坊五重小塔、韩国安东市法兴寺址七重密檐砖塔等，都能看到嵩岳寺塔的影响。

嵩岳寺塔“锁塔烧蟒”的传说

嵩岳寺塔内部为什么是空筒？嵩山地区，还流传一个“锁塔烧蟒”的传说。

相传古代嵩岳寺里有个专管清扫塔房的小和尚，有一天进到嵩岳寺塔中扫地时，突然感到自己的两只脚慢慢离开地面，全身升到空中，然后又慢慢地落到地面。小和尚以为自己已经修成正果，连忙去告诉了师父。

师父观察发现，塔棚上有一条巨大的黑蟒，正张开血盆大口，要吞噬小和尚。师父大喝一声，黑蟒受惊缩回了头，小和尚落在地上。师父把吓瘫的小和尚扛在肩上，背出塔房，紧锁塔门。

为了除掉黑蟒，师父招来众僧，大家一致同意用火烧来除掉这条凶恶的巨蟒，于是便纷纷抱来柴火，打开塔门，烧了塔棚和木梯。

从此，嵩岳寺塔便是一座没有塔棚和木梯的空塔了。

嵩岳寺塔的地宫部分

嵩岳寺塔地宫，分为甬道、宫门、宫室三部分。

甬道为砖砌，梯形平面，里口宽 120 厘米，外口宽 140 厘米，长 220 厘米，甬道底至上口高 156 厘米。

宫门门扉已失，门楣、门额、立颊、地袱、门垫，青石打磨，表面阴刻线画衔绶凤鸟、枝蔓石榴等。

宫室位于塔基中部稍偏西北，砖砌墙体，平面近方形，边长 204~208 厘米，四面墙体略呈外弧，残高 130~150 厘米，推测为穹窿顶结构。

1988 年，河南省古代建筑保护研究所对地宫进行了发掘，发现遗物 70 余件。其中，雕塑造像 12 件，建筑构件、瓦当、滴水等 17 件，其他 41 件。地宫内出土一件红砂岩造像，高 11 厘米，宽 15.5 厘米，厚 3.5~6 厘米，背面有“大魏正光四年”造像记。地宫北壁，有一方唐开元二十一年（733）的墨书题记。

地宫砌砖的年代，经科学方法测定，有北魏和唐代两种。因此，有个别学者认为地宫为唐代增建而非重修，并有学者进而认为现存嵩岳寺塔为北齐或唐代所重建。但对这些观点，大多数学者并不认同。

近世学者对嵩岳寺塔的评价

日本学者关野贞《中国文化史迹》:“塔的平面为十二角形，这在其他地方没有见过类似的。而且有十五层，第一层之下还有地下层，实属罕见。……总之，此塔平面为十二角，层数多达十五层，形态雄健，细节部分十分奇特，和唐宋以后的砖塔完全不同，不仅是北魏时代唯一的遗作，也是中国现存的最古老的砖筑建筑物，堪称北魏的艺术史上的杰作。”

梁思成《中国的佛教建筑》:“从艺术方面看，这座砖塔的轮廓线是异常优美流畅的。这条轮廓线正是几何学上的抛物线形。这不仅当时的匠师已经掌握了高水平的几何知识，而且在建造的过程中能够准确地把它砌出来。从佛塔的发展史看来，嵩山嵩岳寺塔，如同佛光寺大雄宝殿在木结构殿堂中那样，是一件很珍贵的遗产。”

罗哲文《中国古塔》:“……我国现存大型古塔中年代最早的一个。其建筑特点是大塔之上重叠一个小塔。……整个塔的外形，呈现圆和的抛物线，不仅能具有巍峨挺拔之雄，而又有婉转柔和之秀，设计艺术水平极高。”

《嵩岳寺碑》

《嵩岳寺碑》是嵩岳寺的附属文物。碑文撰写于开元二十七年（739），立碑时间不详，但估计就在撰文之后不久。石碑大约毁于明清时期。碑毁，又无拓本传世。因此，留下了不少谜团。

可以肯定的是，撰文者为唐代淄州刺史和书法家李邕。李邕（678—747），字泰和，人称“李北海”“李括州”，时人称李邕前后撰碑八百首。杜甫为其作诗《八哀诗·赠秘书监江夏李公邕》，其中有“干谒走其门，碑版照四裔。……丰屋珊瑚钩，麒麟织成罽。紫骝随剑几，义取无虚岁。”李邕本身就是杰出的书法家，明代董其昌《跋李北梅缙云三帖》有“右军如龙，北海如象”的说法，把李邕与王羲之并称。

《嵩岳寺碑》的书法，有两种说法，但都与唐代书法家胡英有关。一个说法是胡英书丹，另一个说法是胡英集王羲之字。

北宋嘉祐八年（1063）的《集古录跋尾》中记载："嵩岳寺碑撰写于开元二十七年。唐淄州刺史李邕撰，胡英书。"

北宋书学理论家朱长文（1039—1098）《续书断·妙品》："僧怀素，字藏真，长沙人也。自云得草书三昧。始其临学勤苦，故笔颓委作笔冢以瘗之。尝观夏云随风变化，顿有所悟，遂至妙绝，如壮士拔剑，神彩动人。颜公尝有书云：'昔张长史之作也，时人谓之张颠；今怀素为之也，仆实谓之狂僧：以狂继颠，孰为不可耶？'其为名流推与如此。后有怀仁者，居长安洪福寺，模集右军，颇见精熟。其徒有胡英效之，亦以书勒石。"

李邕的碑文，介绍了嵩岳寺从北魏创建到唐开元年间的历史，并对嵩岳寺的格局与环境有详细描述。碑文记收录在《文苑英华》《李北海集》《钦定全唐文》等。

释文如下：

凡人以塔庙者，敬田也，执于有为；禅寂者，慧门也，得于无物。今之作者，居然异乎！至若智常不生，妙用不动，心灭法灭，性空色空，喻是化城，竟非住处。所以平等之观，一洗于有无，自在之心，大通于权实。导师假其方便，法雨任其根茎，流水尽纳于海壖，聚沙俱成于佛道。大矣广矣，不可得而谈也。

嵩岳寺者，后魏孝明帝之离宫也。正光元年，傍闲居寺。广大佛刹，殚极国财。济济僧徒，弥七百众；落落堂宇，逾一千间。藩戚近臣，逝将依止，硕德圆戒，作为宗师。及后周不祥，正法无绪，宣皇悔祸，道叶中兴，明诏两京，光复二所，议以此寺为观，古塔为坛。八部扶持，一时灵变，物将未可，事故获全。

隋开皇五年，隶僧三百人。仁寿一载，改题嵩岳寺，又度僧一百五十人。逮豺狼恣睢，龙象凋落，天宫坠构，劫火潜烧。唯寺主明藏等八人，莫敢为尸，不暇匡补。且王充西拒，蚁聚洛师，文武东迁，凤翔岩邑。夙承羽檄，先应义旗，挽粟供军，悉心事主。及傅奕进计，以元嵩为师。凡曰僧坊，尽为除削，独兹宝地，尤见褒崇，赏典殊科，明敕洊及，不依废省，有录勋庸，特赐田碾四所。代有都维那惠果等，勤宣法要，大壮经行，追思前人，仿佛旧贯。

十五层塔者，后魏之所立也。发地四铺而耸，陵空八相而圆，方丈十二，户牖数百。加之六代禅祖，同示法牙，重宝妙庄，就成伟丽，岂徒帝力，固以化开。

其东七佛殿者，亦曩时之凤阳殿也。其西定光佛堂者，瑞像之戾止，昔有石像，故现应身，浮于河，达于洛，离京毂也。万辈延请，天柱不回，唯此寺也。一僧香花，日轮俄转。

其南古塔者，隋仁寿二年，置舍利于群岳，以抚天下，兹为极焉。其始也，亭亭孤兴，规制一绝；今兹也，岩岩对出，形影双美。

…………

南有辅山者，古之灵台也。中宗孝和皇帝诏于其顶，追为大通秀禅师造十三级浮屠，及有提灵庙，极地之峻，因山之雄，华夷闻传，时序瞻仰。每至献春仲月，讳日斋辰，雁阵长空，云临层岭，委郁贞柏，掩映天榆，迢进宝阶，腾乘星阁。作礼者，便登狮子；围绕者，更摄蜂王。其所内焉，所以然矣。

若不以达摩菩萨传法于可，可付于璨，璨受于信，信咨于忍，忍遗于秀，秀钟于今和尚寂。皆宴坐林间，福润寓内，其枕倚也；阴阳所启，居四岳之宗，其津梁也。密意所传，称十方之首。莫不佛前受记，法中出家，湛然观心，了然见性。学无学，自有证明；因非因，本来清净。开顿渐者，欲依其根；设戒律者，将摄乎乱。然后微妙之义，深入一如；广大之功，遍满三界。则知和雅所训，皆荷法乘；慈悲所加，尽为佛子。是以无言之教，响之若山;不舍之檀，列之如市。则有和上侄寺主坚意者，凭信之力，统僧之纲。崇现前之因，鸠最后之施。相与上座崇泰、都维那昙庆等，至矣广矣，经之营之，身田底平，福河流注。

今昔纷扰，杂事伙多。是以功累四朝，法崇七代。感化可以函灵应，缘起所以广玄河。故得尊容赫曦，光联日月，厦屋弘敞，势蹙山川。回向有足度四生，钟重有足安万国。岂伊一丘一壑之异，一水一石之奇。禅林玲珑，鲁深隐见，祥河皎洁，丹臒澄明而已哉。咸以为表于代者，业以成形；藏于密者，法亦无相。非文曷以陈大略，非石曷以示将来。乃命道奂禅师，千里求蒙，一言书事，专精每极，临纸屡空。愧迷津之未悟，期法主之可通。

其词曰：

西域传耆阇山，世尊成道于其间。南部洲嵩岳寺，达摩传法于兹地。天之柱，帝之宫，赫奕奕兮飞九空。禅之门，觉之径，密微微兮通众圣。镇四国定有力，开十方慧有光。立丰碑之隐隐，表大福之穰穰。

《唐故大德大证禅师碑》

嵩岳寺山门内西侧的《唐故大德大证禅师碑》，也是嵩岳寺的附属文物。

碑石为青石质，原位于寺后西北山坡。首身一石，下有碑趺，统高342厘米。螭首高84厘米，正反两面各雕饰二龙，碑额内阴刻篆书“唐故大德大证禅师碑”3行9字；碑身高194厘米，宽96.5厘米，厚26厘米；碑座高64厘米，赑屃头部残缺。碑阳有阴刻楷书25行，满行52字，字径约3.2厘米，字间有格线，碑面残泐较严重。碑阴无字。

碑文记载了大证禅师昙真（704—763），北禅领袖大照禅师普寂的弟子，在普寂圆寂后随广德大师学习的事迹。广德大师圆寂后，大证禅师被公认为北禅领袖，先后驻锡东都洛阳卫国寺与敬爱寺，广播佛法。安史之乱时，因道行深厚，得到叛军尊重。宝应二年（763）坐化后，葬于嵩岳寺北山。大历二年（767）获赐“大证禅师”；大历四年（769），其弟子立《大唐东京大敬爱寺故大德大证禅师碑铭》。

碑文撰文为王缙（700—781），其兄为王维，佛教信徒。

书丹为徐浩（703—783），工于书法。其传世的楷书遗迹较少，最著名的五件是：《陈尚仙墓志》《李岘妻独孤峻墓志》《李岘墓志》《大德大证禅师碑》《不空和尚碑》。近年又新发现两件：《崔贲墓志》《崔藏之墓志》。

国清寺砖塔

形制罕见的隋塔

033

天台山位于浙江省中东部，天台县城北，是中华十大名山之一，素有“山有八重，四面如一，顶对三辰，当牛女之分，上应台宿，故名天台”之誉。1988 年被国务院批准为国家重点风景名胜区。1992 年列入“浙江省十大旅游胜地”名单。2015 年评为全国 AAAAA 级旅游区。

佛宗道源天台山

天台山以“佛宗道源，山水神秀”闻名于世，是中国佛教天台宗和道教南宗的发祥地。

天台山之所以闻名天下，最早是因为道教。古人认为周灵王的太子王子晋（右弼真人）就居住在桐柏山中，于是这里就被认为是仙乡，道家信仰颇深。三国时期，著名高道与道教灵宝派祖师葛玄、西晋的许迈都曾经居住在这里。南朝，上清派道士顾欢曾经在天台山中开关讲学。到了唐代，天台山逐渐取得了重要的地位。之后，五代的吕洞宾、宋代的张白端、白玉蟾都与天台山有关。

现有道教胜迹汉末高道葛玄炼丹的“仙山”桃溪、碧玉连环的“仙都”琼台仙谷、道教“南宗”圣地桐柏宫、天下第六洞天赤城山玉京洞等。

天台山和佛教的关系，起源于东晋的昙猷。他是天台山佛国的开辟者，在此修道期间，王羲之也曾远道而来拜见。东晋还有高僧支昙兰，居憩赤城山林泉清旷之处。

南北朝时期，陈代天台大师智𫖮曾在此处修禅并入寂。智𫖮是天台宗四祖，天台宗实际创立者，被后世尊为“东土释迦”“智者大师”“天台大师”。天台宗，得名于智𫖮晚年居住天台山。因以《法华经》为主要教义根据，又称法华宗。

现有佛教圣地千年古刹的国清讲寺、“五百罗汉道场”石梁方广寺、唐代诗僧寒山子隐居地寒石山、宋禅宗“五山十刹”之一的万年寺、全国重点寺院高明寺、济公故居等。

因此，可以说天台山由道教开创，又因佛教驰名天下。

天台山的人文底蕴

历史上，王羲之、谢灵运、孟浩然、朱熹、陆游、康有为等名士，都曾到访天台山，留下不朽作品。

东晋文学家孙绰的《天台山赋》中描绘道："天台山者，盖山岳之神秀者也……穷山海之瑰富，尽人神之壮丽矣。"从此，天台山开始引人注意，增添了人们对仙乡的憧憬。

唐代，天台山成为文人墨客心中的圣地。《大唐西域记》记载了震旦天台之名，唐代清凉澄观国师用《华严经》中菩萨住处东南支提山来比拟天台赤城山。"支提"是塔的异称，赤城山的山形为塔形，而且山顶有宝塔。李白也有"龙楼凤阙不肯住，飞腾直欲天台去"的名句，并在天台山结庐而居。如今，天台山是浙东"唐诗之路"的精华所在。

明代，天台山是《徐霞客游记》的开端，全书开头的两篇游记，就是徐霞客游天台山的日记。

天台地区的风俗

"佛国仙山"天台山有很多神奇传说，如千古流传的汉朝刘晨、阮肇采药遇仙故事。这些传说也给当地风俗带来了极大影响。

天台县人陈省钦是清代同治四年（1865）进士，官至福建将乐知县，著有《春秋纬史集传》四十卷、《春秋历朝金鉴录》十二卷、《公羊传正解》三十卷。

其孙陈钟祺（1875—1945），字敏磷，号一阳，清末秀才。1904 年入日本弘文学院，1905 年参加中国同盟会，从事革命活动。1911 年回国，浙江军政府成立后，当选省议员三届。后因军阀混战，愤而辞职，研究经史，整理补充其祖父著作，任教于天台中学，并担任县教育学会会长，著有《教育学讲义》。1943 年，发起筹建天台县志馆，任馆长，撰《天台山文化史》，阐释天台山儒道释发展历史、遗迹等。时人称其为"一阳先生"。

陈钟祺 1940 年撰《天台风俗志》，记述了当时的民间风俗：

台僻处海峤，汉时在荒服，唐犹以为处逐臣、御魑魅之地。观于宋令郑至道《谕民书》，当时风俗可见。

邑以山水擅名域内。隋梁间，多为仙释所栖，故有洞天福地之说。及晋唐来，俗尚诗书，人敦孝悌，而人文渐渐起矣。

邑界万山中，群峦耸峙，溪涧环流。人生其间，虽斌雅不足，而骨鲠性成。故其登科第、历显仕者，多以气节表见于时。

宋高宗时，江北士大夫扈跸南迁，后皆占籍浙中。而台以山水标胜，侨寓者尤多。故邑中望族，俱始自南宋。其裔自隋唐间者，相传为东丁西徐、南胡北顾。然寖以衰微，所存子孙，落落若晨星而已。

邑土瘠田硗，人无甚富。男务稼穑，女勤织纴。虽缙绅家，服食俭约，不尚华靡。近者风气渐侈，少年子弟，亦有纨绔而闲游者。

台俗素称淳朴。乡野之人，有终身不见官府者，妇女亦以贞节自守。有时邑驻兵马，宁罄橐以资供应，而内外截然不相混杂。大家之妇，嫠居永不再醮，往往以节烈为当道所奖。

古三加之礼，宋明间士族多有行者。女临嫁前数日行笄礼，拜天地祖宗及尊长，母为训戒，犹有古风。

服饰之制，万历以前，男女皆布衣，鲜有曳罗绮者。惟新婚及节序喜庆，稍加饰。今则红紫缤纷，日新月异。朴素之意，存者几希。

凡议婚，必凭媒氏。纳采请期奠雁诸礼，悉如古制，惟亲迎未行。嫁娶日各择其族之贤者，相与迎送，以成姻礼云。

初丧含殓毕，即成服开丧，姻戚赴吊。贫富称家有无，不用鼓乐，颇为近礼。鼎革初，以邑遭兵燹，或有择吉开吊者，今相习成风，寖不知非，殊为薄俗。安厝多用石椁，丰家必请显者题主，亲友执绋哀送。若火化水葬，虽编户亦耻而不为也。但有拘忌风水之说，停柩不葬，识者讥之。

祭祀，缙绅大家有家庙，细民从寝堂设龛。四时之祭，元旦、清明、端午、中元、重九、冬至、除夕，各以时物为荐。祭毕，子姓享馂余。墓祭，或用羊豕，或用牲醴，各随其祭田之厚薄，而颁胙亦以是为差。

服食室庐，俱从俭素，人不习工巧。匠作器用，多取给于他处。鱼盐山海之利，皆他郡专之。惟坐肆售货，觅十一之利而已。朝贵还乡，多以谨厚相尚，城市中不乘舆马，不繁仆从，否则为众所訾。士民守分者多，抗法者少。

元旦，夙兴焚香拜天，次五祀祖先，少者各拜尊长，燃长寿灯，啜五味粥，以祈五福，旋诣戚党拜贺。

立春，先一日，有司迎春东郊。

元旦，张灯起十三终十八，官府弛禁，俗重十四夜。祖先五祀皆设祭。有向卜及召紫姑者，于是夜占休咎。

清明，墓祭悬纸钱于冢，采菣作饼，以备寒食。

端午，以角黍相馈遗。儿女系五色长命缕，采榴花艾叶，簪之以避恶。用菖蒲雄黄泛酒速客，谓之泛菖蒲。

中元，各祀先荐新。僧家作盂兰会，夜放水陆灯。

中秋，俗重十六夜，召宾以观月华。

九日登高，饮菊酒，插茱萸，蒸米为糍，各相馈送。

腊月终旬，用馒首赛神，谓之谢年。

除夕，悬祖宗遗像于中堂，少长欢集，共相守岁。

国清寺的千年沧桑

国清寺是天台山最著名的寺庙，是天台宗根本道场，也是日本天台宗和日莲宗的祖庭。

据南宋陈耆卿撰《嘉定赤城志》、元代王中立撰《天台山志》和明代传灯撰《天台山方外志》等文献所记，隋开皇十八年（598），晋王杨广根据天台宗创始人智𫖮遗愿和亲手所画样式，创建天台寺。仁寿四年（604），杨广登基，即隋炀帝。大业元年（605），隋炀帝定名天台寺为国清寺。

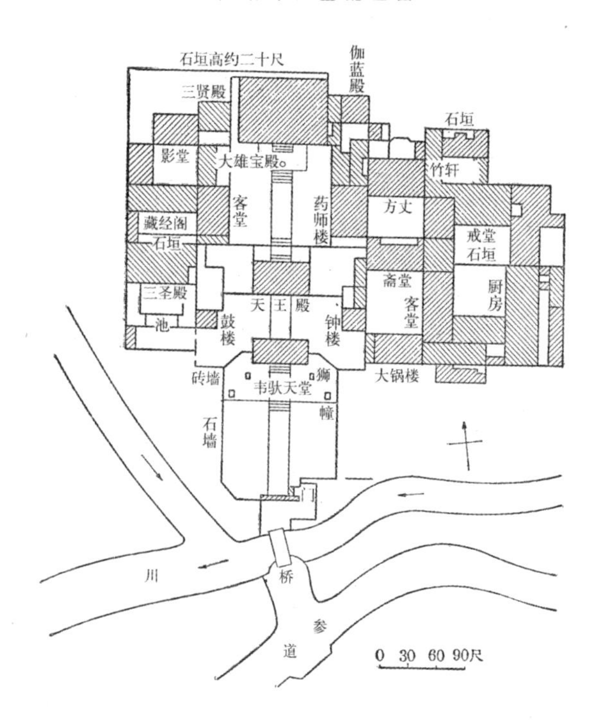

国清寺伽蓝配置图

唐代，高僧丰干、寒山、拾得曾居住于此，僧一行曾经在此宣扬《大衍历》，此外，还有写下“不经一番寒彻骨，怎得梅花扑鼻香”名句的禅宗沩山黄檗禅师和天台宗的义寂等高僧，都曾来访。

唐武宗会昌法难，寺院焚毁。大中五年（851）重建，柳公权应诏题写“大中国清之寺”匾额。其后，多次遭遇兵燹，屡毁屡建，规模渐大，寺宇位置逐步下移到山麓平旷地带，明代移至今址。

五代，高僧延寿曾经于天柱峰下习定；宋代，天台山的佛法达到了极盛时期。

明代传灯编撰的《天台山志》中记载：“古称七十二寺，今考县志所书，惟六十二。”他感慨道:“台山之田下田也。台山之寺穷寺也。台山之僧苦僧也。”

清雍正十二年（1734）重建，基本奠定今天的寺院格局。金刚殿门上方镶嵌石刻“奉敕重建国清寺雍正十二年岁次甲寅九月谷旦”

国清寺大砖塔和七佛塔

国清寺大砖塔

国清寺六角九层砖塔平面图

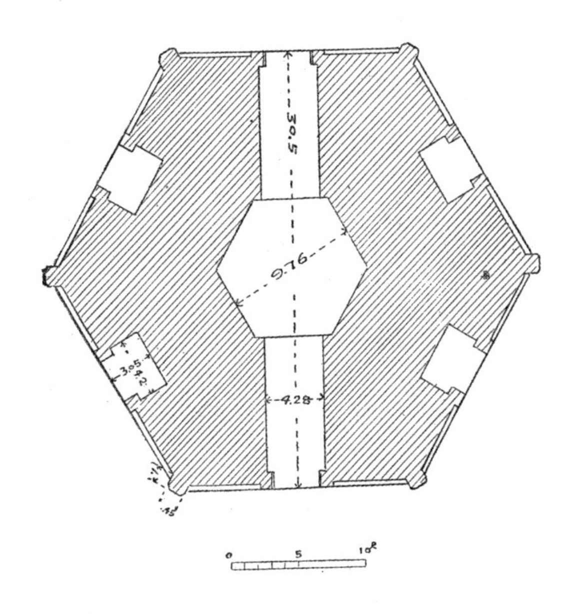

匾额。寺内放生池旁的《乾隆御制国清寺碑》记载了这次重建。现今寺院，较完整地保存了清代面貌。

1972—1975 年重修。

2006 年，被列为第五批全国重点文物保护单位。

国清寺砖塔

砖塔是国清寺标志性建筑之一，因高大耸立，又称“大塔”。

开皇十八年（598），寺前砖塔与国清寺同时建造，为浙江最高的古塔之一。砖塔是隋炀帝命司马王弘为智者大师所建，是为报智者大师受菩萨戒而建造的报恩塔。唐武宗会昌法难期间受损，南宋建炎二年（1128）重建。现经整修，为省级文物保护单位。

砖塔六角九层，为空心楼阁式砖木结构，形制高大罕见。残高 59.4 米，边长 4.6 米，原有斗拱、平座廊檐和勾栏等木制部分遭火焚毁，现仅存塔的砖身，相轮缺失。

塔身为砖筑，各层缩减度很小，外观高俊。塔身各角为柱形，斗拱为木制三跳结构。塔身有许多排列整齐的方孔，为原木制飞檐斗拱插入处。经历多次火灾，青砖烧成了红砖，因此如今塔身通体呈绛红色。

底层设门，以上各层各面均开有券门。各面壁间之上设有佛龛，有精雕佛像，造型生动传神。塔身内壁镶嵌有《法华经》石刻碑。

后世整修时，对塔基进行了加固，四周铺筑了台阶。

国清寺砖塔石刻七菩萨：导师菩萨拓本

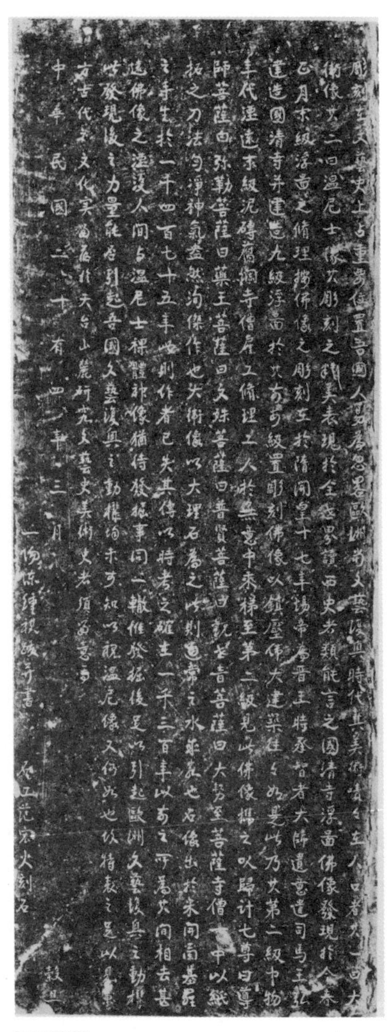

陈钟祺题跋

国清寺七佛塔之一

1935年，塔身基座上的砖块朽烂，寺僧雇工人修葺砖塔时，工人登上塔身第二级时发现了已经脱落的七块石刻菩萨像，分别为导师菩萨、弥勒菩萨、药王菩萨、文殊菩萨、普贤菩萨、观世音菩萨、大势至菩萨像。七菩萨像线刻精细，从艺术风格看，应属宋代之作，推测是宋代砖塔重修的时候放入的。1935年，陈钟祺撰写的跋文中称“刀法匀净，神气盎然”，跋文也刻成石碑，如今一起镶嵌于三圣殿西壁。石刻像至今保存完好。

日本学者常盘大定对这七个石刻像有详细描述。他这样描述导师菩萨像：“此菩萨像身负二重头光，腰部以下缠绕着天衣，悬挂以宝玉、花聚点缀的璎珞。前面悬挂有环连起来的东布作为垂带，头戴由珠宝组成的发饰，右手执莲叶盖的手杖，左手提着小莲座，而且双足都踩在云上的莲座上，头光之上有华盖。四面都有连接着五钴杵的缘饰。云的下部之物应该是宝坛吧。此菩萨的双足都呈现着向前迈步的姿势。右足下的莲座倾斜，天衣的下摆似乎在动，体现着其即将迈出右脚的姿势。由导师之名可见，这应该是迎接往生之人并引导其进入西方极乐世界的菩萨吧。左手所提的小莲座应该是供往生之人乘坐，右手所持的手杖顶端的莲叶盖应该是用来遮蔽往生之人的吧。菩萨像的左方上部用隶书刻着导师菩萨四字。”

七佛塔

溪边的七佛塔，俗称“七支塔”，也称“迎宾塔”，为纪念“过去七佛”而建。七佛塔始建于隋朝，后经多次修复，于明代重建。

“过去七佛”分别为：毗婆尸佛、尸弃佛、毗舍浮佛、拘留孙佛、拘那含牟尼佛、迦叶佛和释迦牟尼佛。因为是祭祀“过去七佛”，所以建在寺院门前。

七塔各有两层基坛，塔身为圆形，塔身之上有屋顶，顶部有相轮。七塔并列而立，这种形式为塔列。

七座明代石塔毁于 1968 年，现在的七座石塔为 1973 年重建，大致遵循原有样式。

045

永泰寺塔

最有代表性的密檐式塔

永泰寺砖塔

永泰寺坐落于今河南省登封市太室山西麓子晋峰下，与少林寺一脉相承，在少林寺东侧约 3 千米处，寺院坐东朝西，面对少林寺。永泰寺是佛教传入中原后营建的第一座尼僧寺院，也是我国现存始建年代最早的尼僧佛寺，素有“佛教禅宗尼僧祖庭”之称。原名明练寺，唐代易名永泰寺，金代更名永禅寺，元朝以后复名永泰寺。1963 年列入河南省第一批省级重点文物保护单位名单。2001 年列入国家级文物保护单位名单。

永泰寺兴衰

历史上，曾有三位公主在永泰寺出家修行：北魏文成帝（452—465 年在位）之女转运公主，北魏孝明帝（515—528 年在位）之妹永泰公主，南朝梁武帝（502—549 年在位）之女明练公主。

转运公主崇佛入山，结庐修持，所建转运庵，是永泰寺的前身。

明练公主是菩提达摩四大弟子之一，后被尊为禅宗尼僧鼻祖。

永泰寺的开基是北魏正光二年（521）孝明帝之妹永泰公主。奉敕创建尼寺，当时僧尼数量有 100 多名。

北周武帝建德年间（572—578）废佛，寺院一度废绝；隋开皇年间（581—600）复兴，唐贞观三年（629），永泰寺移至偃师县（今河南省洛阳市偃师区），寺院废弃。

唐神龙二年（706），嵩岳寺都维那僧道莹看到此寺址被舍弃，感慨此举或许辜负了永泰公主之志，于是上奏朝廷“此故寺依山带水，形胜幽栖，不假多工，便堪居住……二圣痛金娥之殒，兆人兴玉碎之悲！凡厥有情，孰不伤悼？至论潜佑，必赖薰修”。得到应允后，改为僧寺，更名为永泰寺。

以后各朝各代，屡有修缮。五代至北宋时期，时有扩建。元朝后期逐渐衰落。明成化年间（1465—1487）开始重兴，万历三年（1575）至四年（1576）、万历十三年（1585）至三十五年（1607）先后修建，使得寺院得到一定的恢复。崇祯十一年（1638）在寺院东北山坡上修建肃然、无为两高僧墓塔。清康熙、雍正、乾隆年间多次重修，达到鼎盛时期。

1964 年以来，整修较多。

由于永泰寺始建于北魏，寺域内文物众多，但年代久远，多有损坏。照片上永泰寺的香台，上部主体已经不存，仅残存下部蟠龙底座。

永泰寺香台

永泰寺塔

“古塔夕照”，是登封一景。

永泰寺后，是永泰寺的古塔群。古塔屹立千年，叙说永泰寺的历史文化。其中，最著名的就是永泰寺塔。

文献记载，永泰寺塔建于隋仁寿二年（602），在永泰寺院后东北方向的山坡上。为密檐式砖塔，塔体通高 24 米，塔身平面东西两边长 4.8 米，南北两边宽 4.3 米。塔身南侧辟有拱形塔门，门高 2.6 米，宽 1.74 米，可由此进入塔内。塔内为方形空筒塔式结构，依塔体收分直至塔顶。塔身外壁附有一层米色石灰。塔檐为叠涩砖砌筑的 11 层密檐，檐层逐层递减收分，使得塔体轮廓呈抛物线形，造型优美峻拔。石雕塔刹，底部为一圈山花蕉叶，其上石雕仰莲，承托五重相轮。

永泰寺塔在造型、结构、色调、风格上，与同时期附近建造的法王寺塔非常相似，是我国唐代密檐式砖塔的典型代表之一。

永泰寺塔对唐代密檐式砖塔有很大的影响：一是平面多为方形。早期建塔，多模仿木结构，因此唐塔平面以方形为主；二是唐代砖塔形体高大，一般有楼阁式和内部空筒外部密檐两种式样；三是采用黄土泥为浆砌砖；四是密檐式塔内部结构的木楼层和木扶梯，年久腐烂或遭火灾后，内部成为一个空筒，称“空筒式塔”。

与百年前的照片对比，原有的另一座七层砖塔，今已不存。

近世学者对永泰寺塔的评价

日本学者常盘大定《中国文化史迹》:“立于寺后圃畔的四角十一级以及四角七级两大砖塔。唐碑中提到‘大窣堵波者,隋仁寿二载立所置’,还提到‘九级浮图者，比丘真一，敬为故兄寺主真藏之所建也’，其中

嵩山法王寺十五层砖塔

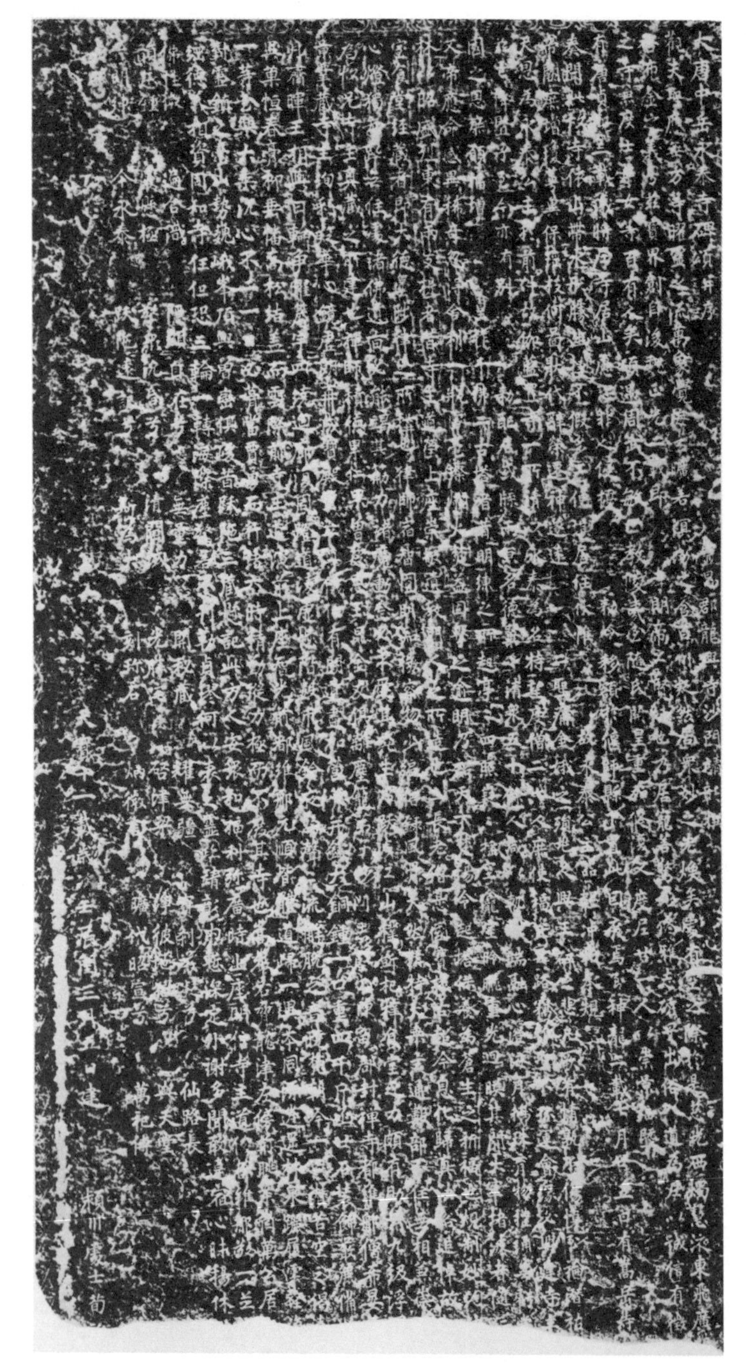

《大唐中岳永泰寺碑》拓本

之一应该就是这两塔中的某一座吧。”

德国学者恩斯特《中国宝塔》:“河南中部嵩山永泰寺的两座佛塔在宝塔向大型佛塔的过渡过程中,有着重要的地位。它们均由纯砖石建造而成,最初建成的塔壁上刷有白色石灰。高大的底层下面配有塔基,但如今整个基座已沉入地下,塔上分别配有七层和十一层塔檐,塔檐形式简洁有力,自塔身向外挑出,檐角上翘。塔顶冠有砖砌圆柱,由许多细环隔开,形成了相轮的形式,环环相扣。底层中间有拱券门通向内部,里面可能设有供奉舍利的塔室。两座塔在尺寸上均没有明确数据,但较小的宝塔高 16 米,而较大的高 30 米。常盘大定根据塔中两块唐代石碑上的碑文判断,宝塔的建造时间应该在隋仁寿二年(602)。这一年朝廷大力修建佛塔,这也是嵩山佛教建筑发展早期的重要时间节点,年代为久远的大型天宁方塔正是在这一年建于嵩山。”

梁思成、林徽因、莫宗江发表于 1954 年第 2 期《建筑学报》的论文《中国建筑发展的历史阶段》,认为:“‘密檐式’塔,如西安荐福寺的小雁塔、河南嵩山永泰寺塔和云南大理崇圣寺的千寻塔等。这个类型都在较高的塔身上延出十几层的密檐,一般没有木结构形式的表面处理。以上两个类型平面都是正方形的,全塔是一个封顶的‘砖筒’,内部用木楼板和木楼梯。”

著名古建筑学家刘敦桢认为:“唐代密塔典型有云南大理崇圣寺塔、河南嵩山永泰寺塔和法王寺塔。”

《大唐中岳永泰寺碑》

《大唐中岳永泰寺碑》,刻立于唐天宝十一载(752),龙首方趺,碑首与碑身浑然一体,高 2.35 米,宽 0.9 米,厚 0.24 米,在嵩山地区唐碑中比较高大,碑顶有六龙盘首。两面碑侧都有三龙垂首含碑,龙身造型精致,雕刻生动,体现了盛唐时期石雕艺术水平。碑上刻有龙兴寺沙门靖彰撰文、颍川处士荀望书丹的“大唐中岳永泰寺碑颂并序”。

碑文主要叙述北魏至唐代期间永泰寺的历史沿革和僧尼的活动情况。碑文见于《全唐文》,清代王昶《金石萃编》、武亿《金石二跋》,以及晚清叶昌炽《语石》。

该碑文字体为楷书，端庄工整，刚劲俊逸，清人毕沅在《中州金石记》中评曰："观荀望书丹，结体茂密，实为唐代之佳品。"

碑阴额部中间刻有"唐永泰寺之碑"六个字，下为线刻佛像。本尊释迦牟尼结跏趺坐，背后刻有头光和火焰光，施无畏印，顶部装饰有华美的华盖；碑身的上半部还刻有一佛二弟子二菩萨，碑身下半部刻有二天王，披甲戴胄。碑的两侧又刻有二天王、二力士，与碑阴画面衔接。全碑线条流畅，形象优美。

与百年前的照片相比，螭首有残缺，碑身基本完整，但下端有残泐，碑面文字略有风化。现已经加玻璃罩保护。

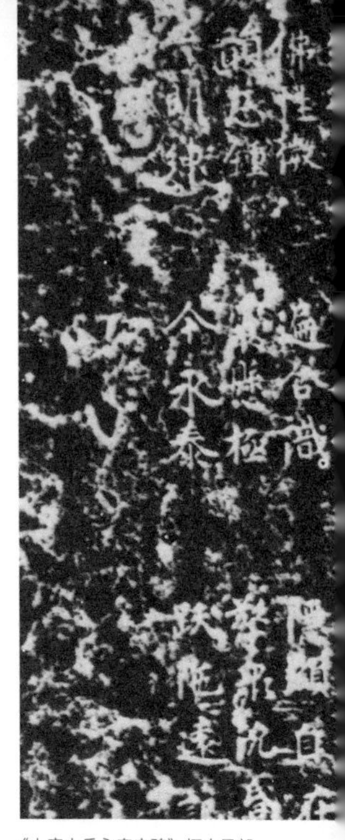

《大唐中岳永泰寺碑》拓本局部

《大唐中岳永泰寺碑》释文

大唐中岳永泰寺碑颂并序

灵昌郡龙兴寺沙门靖彰撰

观夫圣应无方，等曜灵之流万象；觉海元旷，若溟渤之含百川。凝然居众妙之先，焕矣处有空之际。于是慈光西烛，慧液东飞，广开权实之门，爰启布金之义。粤兹宝界，创自后魏正光二载，即孝明帝之贤妹也。乃居宠若惊，克修雅志，确乎出俗，入道为尼。以诚信有征，敕为置明练之寺，兼度士庶女等百有人矣。顷遇周武不敏，正教凌夷，至隋氏开皇，重加修复，又度尼廿一人，以崇景福。暨有唐贞观三载，议将尼寺居山，虑恐匪人侵扰，敕令移额于偃师县下置，此因废焉。

至神龙二载七月廿五日，有嵩岳寺都维那僧道莹奏闻："此故寺依山带水，形胜幽栖，不假多工，便堪居住。伏惟故永泰公主器韫冲和，承规帝阙，庶增琼萼，冀保瑶枝，何图厌代辞荣，迁神遂远。二圣痛金娥之殒，兆人兴玉碎之悲！凡厥有情，孰不伤悼？至论潜佑，必赖薰修。伏望天恩，为永泰公主于前件故伽蓝置寺一所，请以永泰为名，特望度僧二七人，庶使福资冥路。”窃惟圣不孤运，会缘必兴，建寺立僧，实由于此。

自兹以降，暨乎至今，亦有别敕配居，或牒两京名德，翼翼清众，五十余人。咸以轨范端融，心澄海月，鹅珠育物，礼诵无亏，常怀报国之恩，庶愿福增皇祚。千佛二古塔者，昔明练之所起，亭亭四照，嶷嶷摇空，龛室玲珑，重光迥映。其间大萃堵坡者，隋仁寿二载之所置。文帝应命，感异稀奇，忽得舍利一瓶，雪毫灿烂，火焚益固，击之逾明。乃诏天下梵场，令起塔供养，为苍生之祈福也。规制妙绝，神工未方，永镇檀林，以昭盛烈。东有两支提者，昔寺主道莹上座崇敬遗教门人之所造也。二长老僧悬国宝，振古超今，息化归心，法俗追悼，故起斯塔。前门楼浴室食堂经藏者，即大德昙陟律之所构也。律师宿智圆明，知微察物，少编僧录，风骨天然，精持大乘，元通数部，不住无相，兼崇有为。沙门思悟者，心灯独知，迹无住处。诸佛遗旨，必能竭其筋力；诸魔动念，必不爱其死生。乃跋涉山川，朴斫杞梓，食堂之力，颇有助云。九级浮图者，比邱真一敬为故兄寺主真藏之所建也。禅师积德累仁，果曾慈惠，玉昆金友，俱离尘笼。弟子沙门志坚及陈留郡封禅寺都维那僧希晏等，敬为和上，树兹景业。寺主绚彩凝华，心镜虚朗，再成宝殿，重立尊仪，但有阙遗，尽加营葺。并铸大铜钟一口，重四千斤，函二十石，装饰严丽，备物维新。金容将满月齐晖，玉相与日轮争曜，檐宇四绕，回廊复周，蹬道凌虚，悬阶数匝。风铃夜警，声声流解脱之音；晓梵朝吟，一一赞苦空之偈。嘉木繁植，祥花接异以恒春；高柳垂幡，乔松结盖而云际。

前寺主道演、前上座智光、前都维那元顺，皆体道归一，异本同源，逍遥林泉，丽履云壑。复有沙门法意、敬一等，至乐大乘，沉心不二。一日必葺，当贾勇而行诸；六时精勤，纵力极而不废。其寺也，嵩岩右胁，龙津左傍，前眺案岗，万公居后。地形澄迎，幽溪对灵镇之台；山势巍峨，峰顶与层峦俱峻。昔跋陁三藏悬记此方，人安众和，福利弥广。时上座明信寺主道峻、都维那敬一并操履霜洁，动成纪纲，德义相资，同知寺任。但恐三轮一转，海际尘惊，若不刊勒贞璨，何以表之灵迹？靖彰内惭深定，外谢多闻，敢违宿心，昧扬休烈。其词曰：

佛性微，遍含识，隐显自在兮，无量力。开秘藏，耀无疆，宝刹严凝兮，仙路长。韵慈钟，震悬极，警众沉昏兮，清阃域。光胜宅，启津梁，净彼地狱兮，与天堂。昔明练，今永泰，跋陁远记兮，斯为大。刻珍石，炳微言，旷代昭宣兮，万祀传。

天宝十一载岁次壬辰闰三月五日建

颍川处士荀望书

神通寺

名塔荟萃

神通寺全景

神通寺

琨瑞山金舆谷，位于济南市历城区柳埠镇东北 2 千米处。琨瑞山，又名金舆山、金榆山、昆嵛山，地处锦阳川畔，其东侧的山为青龙山，西侧为白虎山，两山之间的山峪即为金舆谷，也称朗公谷。

神通寺位于青龙山麓，南距泰山 25 千米，是山东地区最早的佛教寺院，山东佛教的发祥地，也是齐鲁大地上最大一处古代寺院。

神通寺以其创始人为僧朗公禅师而得名朗公寺，建于东晋初的前秦皇始元年（351）。

其后，神通寺经历了北魏太武帝太平真君七年（446）灭佛运动，寺庙被毁；北魏孝明帝正光元年（520），法定和尚在方山的南面重建灵岩寺；北周建德三年（574），武帝灭佛，寺庙再次被毁；隋文帝时期，于开皇三年（583）改名为神通寺，得到进一步发展；唐代重新规划了寺院，向西移到今千佛殿一带，其规模日益宏伟；会昌五年（845）唐武宗灭法，灵岩寺再遭劫难；大中五年（851），灵岩寺得到重修和发展；北宋时期，灵岩寺发展到“有良田可以封万户，有华屋可以荫万家，有余资可以济万民”；金代灵岩寺继续发展，规模仍为天下之冠；明清不断被翻修、改造、增减；清末寺院逐渐衰败。

神通寺遗存丰富，现存古迹多为隋唐时期所建，如被誉为“华夏第一石塔”的四门塔、被誉为“中国古代博物馆”的祖师林，以及龙虎塔、唐基台、千佛崖等，具有极高的文物价值。

神通寺千年历史中，也曾造就了30余位高僧。

朗公，少年出家并开始周游访学，后到长安，在关中讲学，前秦皇始元年（351）移居泰山中，“大起殿舍，连楼累阁”，是神通寺的创始人。

法定，北魏僧人，北魏正光元年（520）在方山之阴建静默寺（唐更名为神宝寺），后于方山之阳重建灵岩寺（今甘露泉旁），规模宏大，信徒云集。

慧崇，唐朝僧人，唐贞观年间（627—649）将灵岩寺由甘露泉西迁建于现址。

龙虎塔

龙虎塔位于神通寺西北部，在白虎山东麓的一处台地上，紧邻北部的祖师林。

龙虎塔，又称朗公塔，因神通寺在六朝时代称“太山朗公谷山寺”，以纪念开山祖师僧朗，故此得名。清代聂剑光著《泰山道里记》，记载有“西北隅曰朗公塔，制最古”。清代其他方志，如《泰山志》《岱览》等，也有类似记载。

僧朗是东晋时期高僧，曾经求学于西域高僧佛图澄。北魏郦道元《水经注》记载：“济水又东北，右会玉水。水导源泰山朗公谷，旧名琨瑞溪。有沙门竺僧朗，少事佛图澄，硕学渊通，尤明气纬，隐于此谷，因谓之朗公谷。故车频《秦书》云：‘苻坚时沙门僧朗，尝从隐士张巨和游。巨和常穴居，而朗居琨瑞山，大起殿舍，连楼累阁……即此谷也。’”

南朝梁慧皎《高僧传》记载了朗公谷的命名由来：“……此谷中旧有虎灾，人常执杖结群而行，及朗居之，猛兽归伏，晨行夜往，道俗无滞。

神通寺龙虎塔

百姓咨磋，称善无极，故奉高人，至今犹呼金舆谷为朗公谷也。”《高僧传》对朗公的介绍如下：“竺僧朗，京兆人，少而游方，向道长安，还关中，专当讲说。……秦皇始元年移卜泰山，与隐士张忠为林下之契，每共游处。忠后为苻坚所徵，行至华阴山而卒。朗乃于金舆谷琨瑞山中别立精舍……内外屋宇数十余区，闻风而造者百有余人，朗孜孜训诱，劳不告倦，秦主苻坚钦其德素，遣使衬遗。”其趣闻轶事是：“常与数人共同赴请，行至中途，忽告同辈曰君等寺中衣物，似有窃者，如言即反，果有盗焉，由其相语，故得无失。”

“龙虎塔”是更常用的名称。其得名，有两种说法。

一是该塔坐落在青龙山和白虎山所包围成的谷地中，因山名而得名。

二是塔身有龙虎雕刻。这个说法可以追溯到明代，寺内现存明代碑刻《重修神通寺碑》和《重修神通寺记》，都有“龙虎塔”。不过，近世学者认为，结合狮虎在佛教上的地位，碑上的兽面图像很可能是狮，不是虎。而且，东、西、南三壁门楣上都雕刻龙首与狮首图案，按照建筑的对称规律，北壁门楣上也应该是狮首。

龙虎塔砖石混砌，平面呈方形，通高 12.275 米，塔身 10.8 米，底座边长 4 米，由基座、塔身、塔檐、塔刹组成。

基座为三重须弥座，特别高大，自下而上内收，带三重束腰。基坛底层四面各凿有两个供奉着佛像的石龛，阳刻精美飞天像。中层束腰在每面转角处都开有两个方龛，四面共八个，内雕舞伎，外雕覆莲。上层须弥座做枋，线条圆润，束腰每面开三个壶门，有覆莲、狮兽、伎乐雕刻，四个转角处设有壶门，四面共开十六龛，雕有力士，四侧画面连续，组成完整图像。

塔坛，雕刻莲花。

塔身为盛唐时期的遗物，由四块完整方石构成，雕刻繁复而密集，从下至上布满了高浮雕，四壁下部中央各辟有一宝珠形拱券门，南北两面浮雕天王、力士，东西两面雕有罗汉、菩萨，上部雕有龙、狮、飞天、莲花、卷云等图案，雕工精细，造形丰满，神态飞动，栩栩如生。门内为塔心室，平面呈长方形，中央为塔心柱，四面雕刻四尊精美佛像、飞天等。整体看，雕刻繁复华美。

神通寺龙虎塔局部

塔身之上为青砖筑成的双重塔檐，檐下双挑仿木结构华拱，下重斗拱上承椽、飞子和檐口，上重塔檐砖雕两层山蕉叶。

塔顶为垂檐。塔刹用青砖、石、瓷等材料构筑覆盆相轮。

龙虎塔的建筑年代，史料上没有记载，多数学者认为是“唐建宋修”，即主构为唐代石构，塔身以上是宋代砖砌。具体看，从造型、材质、雕刻风格看，尤其是基座和塔身部分，属于盛唐时期作品。后塔檐损毁，于宋代重建，现存砖塔檐建造年代早于北宋绍圣年间（1094—1098）。

龙虎塔工程浩大，建筑复杂，雕造精美，也留下了历史谜团。塔身的南侧和西侧的雕饰基本完成，但东侧面右上部及与北立面相交处，局部尚未细雕，圆券门立面也未磨光；北面大部仅粗凿大样，也未细雕打磨，圆券门下端两侧为两个方形石墩，狮子尚未凿出。有学者推测是受安史之乱的影响而草草收工。

1963 年，修建了挡土墙；1974 年，维修了塔刹；1975 年，修复塔刹和相轮，青砖砌三层线脚和束腰方座，其上再雕圆形露盘，其上再置相轮，顶端置宝珠，全塔彻底修复；1983 年，建造石栏保护；1988 年，龙虎塔被公布为第三批全国重点文物保护单位。

四门塔

神通寺塔，又称历城四门塔，简称四门塔，单层亭阁式石塔，为全国首批重点文物保护单位，位于青龙山南麓金舆谷口的一处台地上，与神通寺一溪之隔，也是我国现存最古的石砌佛塔，被誉为“华夏第一石塔”。

梁思成在《中国建筑史》一书中简要描述为:“平面正方形,四面辟门,中立方墩，墩四面各坐一像。塔身单层，平素无饰。上部叠涩出檐，上砌立锥形顶，顶上立刹。塔形制与云冈浮雕所建单层塔极相似，其刹羽浮雕塔刹完全相同。”

四门塔以当地出产的大块青色石灰岩石块砌成，外表雕有简洁的几何状花纹，为亭阁式方形单层尖顶石塔，把中国传统苑囿建筑亭阁与塔刹结合在一起，造型简洁，朴实大方。

平面呈方形，通高 15.04 米，塔身高 13 米，边长 7.38 米，壁厚 0.8 米。四面各开一半圆形拱门，高 2.1 米、宽 1.4 米，故此塔自北宋以来就称为“四门塔”。

塔身结构简洁，塔内中央是一个石块砌成的方形塔心柱，柱前四面台上，各有一个石雕佛像，螺髻，结跏趺坐，神情端庄，衣纹流畅。东侧佛首于 1997 年 3 月 7 日被盗，2002 年 12 月 17 日追回。佛像两侧，原有左右胁侍菩萨和弟子像，今已不存。

塔顶为石叠涩，四角方锥形攒尖顶，塔檐下出挑叠檐 5 层，檐上叠筑

神通寺四门塔

神通寺四门塔西方佛

神通寺四门塔北方佛

23 层内收到顶部，顶端正中有方形束腰须弥座露盘，四角雕刻蕉叶插角，酷似宝箧印经塔，其上筑五重相轮，自下而上收分，其上为刹顶。

塔心正中为石砌空心方形柱，四周有回廊，塔室顶部有 16 条三角形石梁，形成“人”字形坡顶，支撑上部塔顶，构成方形廊道。

四门塔的建造年代，文献上没有记载。但佛座下面，原有两则造像题记，但皆已佚失，下落不明。一是东魏武定二年（544），《杨显叔造像记》有以下文字：“武定二年三月乙卯十四日戊辰，冠将军司空府前西阁祭酒，齐州骠大府长流参军杨显叔，仰为亡考忌十四日，敬造石像四躯，愿令亡考生常值佛。”现佛座下的《杨显叔造像记》，是后来依据原题记拓片重刻。二是唐景龙三年（709）尼姑无畏、妙法的《造像记》，有“师僧父母，下及全家眷属、法界苍生，咸同斯福”等文字。但是，造像与建塔是不是同一个时期，学术界一直有争论。

1972 年，在对四门塔进行维修加固工程时，发现塔顶内部一块板石上刻有“大业七年造”的字样，并在塔心柱内发现一个舍利函，内有一枚隋代铜钱。两相印证，证明四门塔建于隋大业七年（611）。但是，为什么塔中的造像记却是东魏武定二年（544），而四尊坐佛的佛衣轻薄简约，与东魏衣纹的雕刻风格完全不同，这又是一个历史谜团。

神通寺四门塔平面图

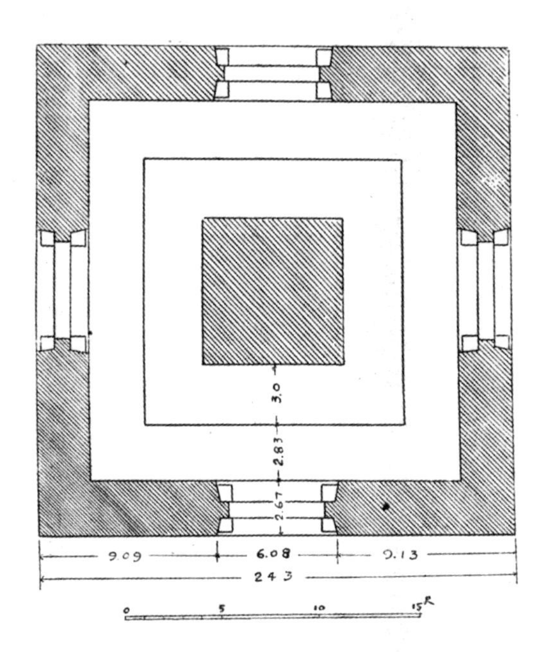

1936年6月，梁思成、林徽因来到四门塔考察，留下了珍贵的影像。

1951年，山东古代文物管理委员会对四门塔进行了基础性维修，对塔体打了三道铁箍，用石柱顶住塔室内断裂的石梁，并堵死东、南、西三门，扶正了佛像；1961年，四门塔被列为第一批全国重点文物保护单位；1963年，济南市文化局在塔的外围加建了一道挡土墙，用以保护塔基；1964年，建立了文管所，设专人管理，并划定保护范围，设立了保护标志；1971年至1973年，又在外围增建挡土墙，进一步加固了塔基，并对塔顶和塔身的残碎部分更换新石，对断裂石梁进行黏接并穿钢筋加固，对石拱板浇注钢筋混凝土加固，修补了外墙裂缝、拱门和佛座，还根据拓本重刻了东魏武定二年造像记。

祖师林

祖师林，位于白虎山东麓的台地上，为寺中的历代法师墓塔，现存墓

神通寺历代住持墓塔

塔 50 座，墓碑 15 方，是我国佛教寺院中较大的塔林之一，为国家重点保护文物。目前保存状况，虽有残损，但多数比较完整。

与少林寺的砖塔林和济南灵岩寺的石塔林相比，神通寺塔林的特点是以石塔为主，辅之砖塔，造型各异，结构繁多，精美绝伦，因此罗哲文先生称之为“露天古塔博物馆”。

祖师林所在台地，自西向东，由高到低，顺山势呈三级。现存墓塔中，年代可辨的有 36 座，其中金代 2 座、元代 19 座、明代 15 座。15 方墓碑中有一方年代不详，其余均为明代。

砖塔 4 座，其中三座有明确纪年为元代，均为密檐式砖塔，分方形和六边形。

石塔，按照塔身形状可分为阙形塔、亭阁式塔各2座，其余均为经幢形塔。经幢形塔中，按塔身形状不同可细分为三型：鼓球形塔、覆钟形塔和八角形塔，以八角形塔居多。

两座阙式塔结构最为特殊。一座是元泰定三年(1326)的“敬公寿塔”，一座是明嘉靖五年（1526）的“成公无为大师墓塔”，塔身有刻字。外观与附近塔形完全不同，酷似双阙，类似石阙或者石碑。无为大师塔，石刻须弥座上有刻花草图案，塔身为长方形碑身，其上为三重石刻塔檐和歇山顶，没有塔刹和莲瓣。两座阙式塔，至今屹立，1965年、1979年两次修缮墓塔后重新树立摆放，但位置改变了。

亭阁式的墓塔中，有一座涌泉庵的送衣塔，建于明嘉靖十四年（1535），为尼姑墓塔。尼姑明喜，其父辞官后在神通寺出家。明喜随父在附近的涌泉庵当了尼姑，为了照顾父亲，明喜修了“送衣塔”，帮父亲清洗缝补衣服被褥，放在塔内，再由小和尚取出送给父亲。明喜后为涌泉庵住持，扩建庵院，圆寂后破例葬在塔林内，墓塔上刻有碑文：“在家为长女，出家为法子。随父同出家，一修大成忌。诸佛真妙法，不变男和女。一心归净土，真十本不虚。”送衣塔内原有佛像一尊，近年被盗，塔刹今已不存。

九顶塔

神通寺向南约5千米处，有九顶塔，坐落在灵鹫山西麓九塔寺院内。相传，九塔寺是唐初名将秦琼为纪念其母亲所建。

九顶塔建于盛唐时期，按照形制以及寺后的造像题记，推测始建于唐天宝年间（742—756），于明嘉靖年间（1522—1566）整修。1988年，九顶塔被公布为全国重点文物保护单位。

塔身一塔起，而九顶出。塔高13.3米，整体是亭阁式单层砖塔，顶部为九个密檐式小塔，当中的小塔较大。塔基、塔身、塔檐均为凹形曲线，异常柔和。整体上，构思独特，造型华美，精巧玲珑，堪称一绝。

平面为八角形，但每边向内凹入，呈内敛之态，在规则中略具动感。

塔身由四块石板筑成，单层八角，分上下两段，中有一条明显的分割

九顶塔

线，下段砖砌缝隙明晰，上段砖砌对缝而砌，严丝合缝，浑然一体。

塔身南面距地高 3.2 米处，辟一拱门，内供一佛二胁侍彩绘石像，石佛在束腰佛座上跏趺而坐，螺形发髻，面额丰圆，刻工精细。塔室内有黑绿相间的残存壁画。

檐叠涩外挑 17 层，其上又内收 16 层。塔檐整体呈凹形曲线，也在规则中略具动感。

九顶塔，刹部结构处理奇异，主塔檐上端宽大平台的八个斜面上，各角筑三层叠涩挑檐小方塔 8 座，互相簇拥，高 2.84 米。中央筑有中心小塔突兀挺立，高 5.33 米。如此形成塔林式塔顶，主次分明，和谐有致，与下部分平直坚实的柱状塔身形成鲜明的对比。远望之下，九顶塔塔尖，如同一簇半开的莲花。

明代官员和诗人许邦才在《重修九塔寺记》中这样描述："泰山北下，麓野之间，有地曰齐城，有山曰灵鹫，有川曰锦阳，峰峦复合，林荟苍郁，距郡邑百里，洵称异境。寺见于此，莫知其始，历考寺碑，惟得天宝、大历之文为古，然曰重修，则犹非其始也。意必建于隋、梁之间，而无稽考。其塔一茎上而顶九各出，构缔诡巧夺伦，他寺所未有，故寺名九塔。"

明朝大文学家李攀龙写有诗句："名曰谐夙好，况复近吾庐。岚影浮斜照，此曰锦不如。空林双树老，寒塔九华疏。一片头陀石，新文六代余。"

1936 年 6 月，梁思成、林徽因等一行在考察龙门石窟后，经开封抵达济南，立即对神通寺一带的龙虎塔、四门塔、九顶塔等古迹进行勘察。

梁思成在《五座中国古塔》记述道："在山东济南城南 30 英里的群山之中的神通寺，就有一座上文提及的四门塔。我们花了一整天的时间才走完 30 英里的路途，找到该塔。这是一段愉快的旅途；行走在山岩间的小径上，我们一边呼吸着早夏时节风中的花香，一边浏览着蓝天下步移景异的山峦起伏，最后来到了旅途的终点——位于东岳泰山之阴的一处人迹罕见之地。"

考察了四门塔、龙虎塔及其他墓塔后，梁思成和林徽因又考察了九顶塔，可惜塔顶的小塔已残破不全。

1962 年，山东省文物部门修葺九顶塔，工程技术人员精心绘制了维修图纸，但九个小塔的塔刹无实物可查，无法确定图样。最后，工程技术人员到北京找到了梁思成和刘敦桢，得到解答并帮助修改图纸。1963 年，国家文物局在西安召开全国文物工作会议，梁思成听取汇报，对维修工程十分满意，后在《文物》杂志发表文章，认为这是在古建筑维修中"作了第一等工作"，高度评价了九顶塔的这次维修。

兴教寺塔

早期砖砌仿木楼阁式塔

069

兴教寺玄奘、窥基、圆测三墓塔

兴教寺，又称“大唐护国兴教寺”，位于今陕西省西安市长安区杜曲街道境内，城南约 20 千米处的少陵原畔，始建于唐总章三年（670），是一座闻名中外的古寺。因地势高，规模大，位列唐代樊川八大寺（兴教寺、兴国寺、华严寺、牛头寺、观音寺、云栖寺、禅定寺、法幢寺）之首。兴教寺也是中国佛教八宗之一的唯识宗（又称法相宗、慈恩宗）祖庭之一。

唐肃宗曾游该寺，题塔额“兴教”二字。从此，这所寺命名为“大唐护国兴教寺”。后世多有维修，寺院建筑于清同治年间（1862—1874）毁于兵燹，唯存兴教寺三塔。

1961 年，兴教寺被国务院公布列入第一批全国重点文物保护单位；1982 年起，进行了全面修缮和增建；1983 年，被定为汉族地区全国重点寺院；2014 年，联合国教科文组织世界遗产委员会把兴教寺塔作为中国、哈萨克斯坦和吉尔吉斯斯坦三国联合申遗的“丝绸之路：长安—天山廊道的路网”的一处遗产点，列入《世界遗产名录》。

兴教寺塔

兴教寺是唐代名僧玄奘的长眠之地，兴教寺玄奘塔位于兴教寺内的西院，后其弟子窥基法师和圆测法师也归灵于此，陪伴左右。兴教寺塔是玄奘舍利塔、窥基舍利塔、圆测舍利塔三塔的合称。因此，兴教寺是唯识宗两辈三祖的最终安葬地。

三塔呈品字形排列。中间最高的一座是建于唐总章二年（669）的玄奘舍利塔，塔背嵌有唐开成四年（839）篆刻的《大遍觉法师塔铭》。西侧稍前的陪侍塔，是弟子窥基法师舍利塔，建于唐永淳元年（682）；东侧稍前的陪侍塔，是弟子圆测法师舍利塔，建于宋政和五年（1115）。

三塔的塔名，均为阳文砖刻，为现代高僧太虚法师（1890—1947）所书。

玄奘塔

玄奘法师（602—664）开启了佛教历史上的新时代。唐麟德元年（664）

圆寂后，葬于白鹿原畔，长安城内有 100 多万人送行，3 万人守灵。唐总章二年（669），高宗敕命改葬于樊川凤栖原，并修筑了灵塔。

玄奘塔为五层仿楼阁式砖塔，平面方形，总高 21 米，底层边长 5.2 米，以上各层渐次内收，塔形稳固。

台基低矮。底层较高，塔身南面有砖砌拱门，内有方室，屋顶以砖堆砌成斜角斜面，供奉玄奘塑像。作为墓塔，其上四层不能登临。

塔身外部，各层隐出砖制八角形倚柱，每面三间四柱。各层檐下，隐砌简洁阑额、楣梁、斗拱，其上叠涩砖挑出檐，出檐较大较多。各层四檐角，均挂有铃铎。

南面第二层有“唐三藏塔”砖铭，第三层中间为壁龛，内置唐时三尊佛，南面第四层中间是精美的菩萨像。东西两侧的第二、第四层，也有佛龛。塔背底层嵌有唐开成四年（839）刻立的刘轲撰、安国寺沙门建初书《大

兴教寺玄奘塔

《大遍觉法师塔铭》拓本

遍觉法师塔铭》，石宽 162 厘米，高 81 厘米，黄平宋弘度刻字。碑铭详细记载了玄奘出生、出家、受戒、取经和译经的生平事迹，共 76 行，满行 42 字左右，总计 3 000 字，行书字体，笔势遒劲，清秀淡雅。玄奘灵塔因唐中宗谥玄奘“大遍觉”，故又称“大遍觉塔”。塔铭收录于《大唐文》第八部，卷七百四十二。

塔顶平砖攒尖，置砖刻宝瓶式塔刹，塔刹为后世重修。

塔身两侧各有一碑，为《大唐三藏圣教序》和《大唐三藏圣教序记》，为 2009 年仿制原碑而立。《大唐三藏圣教序》翻刻了原立于长安城修德坊弘福寺、现藏于陕西西安碑林博物馆的怀仁集王右军圣教序碑；《大唐三藏圣教序记》，则是翻刻了大雁塔所藏原碑。

玄奘法师舍利塔造型庄重稳固，装饰简洁明快，是早期仿木构砖塔的代表，也是这个形制中最早的墓塔。

近年，考古工作者用探地雷达探测出玄奘墓塔地下有空洞，推测为玄奘墓塔的地宫。至于地宫里面有没有埋藏文物珍宝，还需要时间证明。

窥基塔

窥基舍利塔，亦称“基公塔”。为方形三层楼阁式砖塔，高 6.76 米，底层边长 2.4 米。

《大慈恩寺大法师基公塔铭并序》拓本

始建于唐永淳元年（682），唐大和三年（829）重建。砖砌仿木结构楼阁式三层塔，坐北朝南，层间叠涩檐下施一排菱角牙子，塔顶平砖攒尖，置宝瓶式塔刹。底层龛室内有窥基泥塑像，北壁嵌有《大慈恩寺大法师基公塔铭并序》碑铭。东壁二层南壁镶有“基师塔”砖铭。

窥基（632—682），又称灵基、乘基、大乘基，被尊称为“慈恩法师”。窥基是玄奘的大弟子，北魏名臣平东将军尉迟说的后代。唐贞观二十二年（648）17岁时，成为玄奘的弟子，后应诏参与译经，于永淳元年圆寂，初葬于樊村北渠，后于大和三年迁入兴教寺新塔。

宋代择贤所撰《缁林宝训》，经元代临济宗僧永中增补为《缁门警训》，明代临济宗僧如卺续补，录有《大唐慈恩法师出家箴》：“舍家出家何所以？稽首空王求出离。三师七证定初机，剃发染衣发弘誓。去贪瞋除鄙恪，十二时中须谨慎。炼磨真性若虚空，自然战退魔军阵。勤学业寻师匠，说与行人堪倚仗。莫教心地乱如麻，百岁光阴等闲丧。踵前贤学先圣，尽假闻思修所证。行住坐卧要真专，念念无差始相应。佛真经十二部，纵横指示菩提路。不习不学不依行，问君何日心开悟。速须究似头然，莫待明年与后年。一息不来即后世，谁能保得此身坚？不蚕衣不田食，织妇耕夫汗血力。为成道果施将来，道果未成争消得。哀哀父哀哀母，咽苦吐甘大辛苦。就湿回干养育成，要袭门风继先祖。一旦辞亲求剃落，八十九十无倚托。若不超凡越圣流，向此因循全大错。福田衣降龙钵，受用一身求解脱。若因小利系心怀，彼岸涅槃争得达。善男子汝须知，修行难得似今时。若得出家披缕褐，犹如浮木值盲龟。大丈夫须猛利，紧束身心莫容易。倘能行愿力相扶，决定龙华亲授记。”

圆测塔

圆测舍利塔，砖砌仿木结构楼阁式三层塔，高 7.1 米，形制与窥基舍利塔相同，一体无异。北宋正和五年（1115），由长安丰德寺迁建于此。

底层龛室内，有圆测塑像，北壁嵌有《大周西明寺故大德圆测法师舍利塔铭并序》碑铭。西壁二层有“测师塔”砖铭。底层龛室，有圆测泥塑像。

圆测（613—696），新罗王之孙。15 岁随遣唐使来到长安，后以玄奘为师，帮助译经，是唯识宗的继承人之一，有著作 19 部 83 卷。圆寂后，部分遗骨葬于兴教寺玄奘塔之东侧。

宋刻圆测碑铭，贡士宋复撰并书。原石已毁，现碑为民国时期维修三塔时重刻，爱国人士宋联奎（1870—1951）记述了此事。宋联奎曾任陕西省临时参议会议长和陕西通志馆馆长，主持编纂《续修陕西通志稿》和咸宁、长安两县续志，并主编《关中丛书》。

《大周西明寺故大德圆测法师舍利塔铭并序》拓本

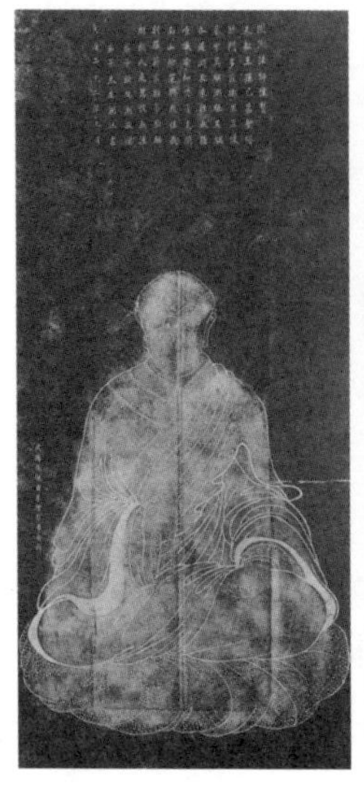

兴教寺三祖像之圆测法师

兴教寺三祖像之玄奘三藏

兴教寺三祖像之窥基大师

兴教寺三祖像碑

保存在兴教寺三藏院的圆测、玄奘、窥基三祖像碑，是 1933 年冬刻立的。

图像是长安李枝生依据唐画勾摹而成，郭希安刻，为石刻珍品。线条生动传神，寥寥数笔，三人容貌性格立显。也有学者认为是参考了收藏在日本的中国文物。其中，玄奘三藏像为天竺取经图是根据日本横滨原家藏之物制作，窥基大师像是根据日本药师寺所藏之图制作。

东北角安放《玄奘法师像赞碑》、西南角安放《窥基法师像赞碑》、西北角安放《圆测法师像赞碑》等。三祖像碑上部的像赞，是欧阳渐居士（1871—1943）所撰。

与百年前的照片相比，兴教寺塔院中的玄奘三藏、窥基和圆测法师的三座墓塔，经修整后仍然保持唐代样式。玄奘塔铭依然镶嵌在塔的北面底层墙壁上，窥基塔铭镶嵌在塔底层东侧墙壁上，圆测塔铭镶嵌在塔西侧底层墙壁上，三方铭碑保存完好。

大雁塔

唐代最早最大的楼阁式砖塔

077

慈恩寺全景

大雁塔位于西安的慈恩寺内，又称慈恩寺塔。1961 年，国务院公布大雁塔为全国重点文物保护单位。2014 年，联合国教科文组织第 38 届世界遗产委员会会议上，大雁塔作为中国、哈萨克斯坦和吉尔吉斯斯坦三国联合申遗的“丝绸之路：长安—天山廊道的路网”中的一处遗址点，成功列入《世界遗产名录》。

慈恩寺的起源

慈恩寺原址，曾经是北魏道武帝时期的净觉寺、隋文帝时期的无漏寺，先后废弃。

唐贞观二十二年（648），太子李治追念其生母文德皇后，为报答慈母恩德，奏请太宗敕建佛寺，选址长安城东南隅的晋昌坊，赐名“慈恩寺”。

建成之初，迎请高僧玄奘担任上座法师，玄奘于此创立了大乘佛教法相宗，又称唯识宗、慈恩宗。同年，太宗撰写《大唐三藏圣教序》，太子李治撰写《大唐三藏圣教序记》。

唐玄奘法师西天取经回归长安时，举国震动。唐太宗深为感动，于贞观十九年（645）二月六日敕命玄奘在长安弘福寺中翻译佛经，后为其所译《瑜伽师地论》赐写序文《圣教序》。玄奘在弘福寺、慈恩寺、玉华寺等处译经 20 年，译经 76 部，共 1 347 卷。

今寺内大雄宝殿、法堂暨藏经楼、东西厢房、钟鼓楼、山门等，均为明清时期重建。

玄奘所建慈恩寺塔

唐永徽三年（652），玄奘法师上书“恐人代不常，经本散失，兼防火难”，希望在慈恩寺建一座总高三十丈的石塔，安置经像舍利。但已经成为唐高宗的李治认为工程过于浩大，塔身过高造成法师登塔辛劳，“师所营塔功大，恐难卒成。宜用砖造，亦不愿师辛苦”，恩准资助在寺西院

慈恩寺从大雁塔南望

慈恩寺大雁塔

仿照印度的建筑形式建五层砖塔。

据《慈恩传》所记:“其塔基面各一百四十尺,仿西域制度,不循此旧式也。塔有五级，并相轮露盘，凡高一百八十尺。层层中心皆有舍利。或一千二千。凡一万余粒。上层以石为室。南面有两碑。载二圣《三藏圣教序记》，其书即尚书右仆射河南公褚遂良之笔。”建塔过程中，玄奘法师“亲负篑畚，担运砖石”，历时两年建成。

唐显庆元年（656），唐高宗御书《大慈恩寺碑记》，并留下“日宫开万仞，月殿耸千寻。花盖飞团影，幡虹曳曲阴”的诗句。

慈恩寺塔仿西域形制,但不是下有方台上有覆钵的窣堵波,而是仿照佛陀伽耶精舍，即塔式殿堂，上有中间大四周小的五个覆钵，类似后世的金刚宝塔。由于砖表土心，不够坚固，后塔心内卉木钻出，渐以颓毁。

大雁塔名称的由来

历经半个世纪，到武则天长安年间（701—704），因塔身倾圮而重建，塔形改为七层楼阁式砖塔，依然名为慈恩寺塔。

到唐代中晚期，“雁塔”这个名称才开始出现。

“雁塔”之名的来由，有多种说法。

第一种说法：北宋张礼撰并注的《游城南记》，是对长安城南唐代遗址的实地调查记录,其中有“其云雁塔者,《天竺记》达嚫国有迦叶佛迦蓝，穿石山作塔五层，最下一层作雁形，谓之雁塔，盖此意也”的记载。不过，后人没有找到这种塔形的实际案例，并在对照《天竺记》原文后发现，法显所说的是石窟寺，不是塔。

第二种说法：传说古印度信大乘佛教的不能吃肉，信小乘佛教的可以吃三净肉（信徒没有看见、听说或怀疑为了自己而杀死的动物肉类)。一天，小乘寺内僧人因做饭却没有三净肉而仰天兴叹，正好有雁群飞过，头雁坠地而亡。全寺僧人见状大惊，认为是菩萨舍身布施，全部改信大乘，并在落雁的地方葬雁建塔，故名雁塔。

第三种说法：慈恩寺建塔之时，有大雁飞过，坠地而死，葬于塔中。

第四种说法：慈恩寺塔刚建成时，有一群大雁落于塔上。

慈恩寺大雁塔局部

慈恩寺大雁塔平面图

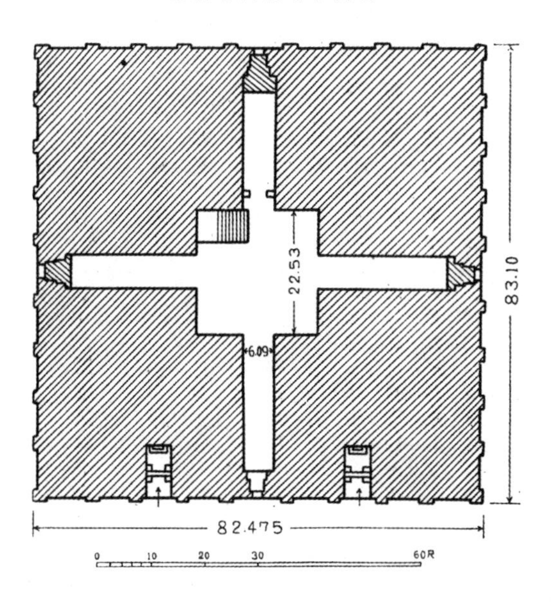

唐景龙元年（707），荐福寺内修建了荐福寺塔，是一座较小的雁塔。到明代，延续科举考试“雁塔题名”的传统，文武举人分别在慈恩寺和荐福寺立碑留念，开始有“大雁塔”“小雁塔”的称呼。慈恩寺塔被称为“大雁塔”，荐福寺塔被称为“小雁塔”，一直流传至今。

雁塔题名

唐神龙年间（705—707）起，唐代科举考试进士及第后，有著名的“雁塔题名”的美谈，即先在曲江池饮宴，后登大雁塔，在塔下题名留念。

唐大历六年（771），章八元（743—829）进士及第，亦题《题慈恩塔诗》：“十层突兀在虚空，四十门开面面风；却怪鸟飞平地上，自惊人语半天中。回梯暗踏如穿洞，绝顶初攀似出笼；落日凤城佳气合，满城春树雨蒙蒙。”

由此带来一个历史之谜：大雁塔到底是七层还是十层？唐开成四年（839），刘轲撰《三藏塔铭并序》中有“塔有七级，凡一百八十尺”的记

慈恩寺境内诸碑

载。与此不同的是北宋张礼《游城南记》中有“至十层”“塔自兵燹之余，止存七层”的说法，因此后世有学者认为十层之说为事实，但大多认为十层之说是诗歌中的夸张说法。更有六层之说，显然没有计入底层。

唐贞元十六年（800），白居易在28岁时考中进士，在录取的17名进士中最年轻，因此他写下“慈恩塔下题名时，十七人中最少年”的诗句。

唐会昌三年（843），宰相李德裕对“雁塔题名”这个风气非常厌恶，上奏废除，并且“向之题名，各尽削去”。后到唐大中元年（847）恢复，到唐绍宗时大盛，诗人徐寅在《塔院小屋四壁皆是卿相题名因成四韵》中描述了其盛况：“雁塔挽空映九衢，每看华宇每踟蹰。题名尽是台衡迹，满壁堪为宰辅图。”

历经火灾、地震等灾难，唐代的雁塔题名，有一部分在宋代修缮时重刻，今唯存雁塔题名帖两残卷《宋慈恩雁塔唐贤题名》。

大雁塔的诗

巍峨耸立的大雁塔，吸引了文人墨客的目光。千百年来，文人学士纷纷登高赋诗，留下了大量佳作。

唐天宝十一载（752）秋，杜甫与高适、薛据、岑参、储光羲均登大雁塔，每人赋诗一首，杜甫写下《同诸公登慈恩寺塔》："高标跨苍天，烈风无时休；自非旷士怀，登兹翻百忧。方知象教力，足可追冥搜；仰穿龙蛇窟，始出枝撑幽。七星在北户，河汉声西流；羲和鞭白日，少昊行清秋。秦山忽破碎，泾渭不可求；俯视但一气，焉能辨皇州。回首叫虞舜，苍梧云正愁；惜哉瑶池饮，日晏昆仑丘。黄鹄去不息，哀鸣何所投；君看随阳雁，各有稻粱谋。"

岑参写出了千古名篇《与高适薛据同登慈恩寺浮图》："塔势如涌出，孤高耸天宫；登临出世界，磴道盘虚空。突兀压神州，峥嵘如鬼工；四角碍白日，七层摩苍穹；下窥指高鸟，俯听闻惊风。"

唐代以后的大雁塔

五代时期，后唐长兴二年（931），担任"西京留守"的武将安重霸修缮大雁塔，使其面目一新。

宋熙宁年间（1068—1077）与元丰年间（1078—1085）两次失火，毁损严重，游人无法登塔。

金代，正大年间（1224—1231），慈恩寺庙宇尽毁，但大雁塔依然存留。

明代，天顺年间（1457—1464）曾有维修；嘉靖三十四年（1555）大雁塔经历大地震，塔顶震落，塔身震裂；万历三十二年（1604），启动重大修葺加固工程，塔内重新安装楼梯，在残破的塔身外表上砌了 60 厘米厚的砖体包层，但整体结构依然保持唐塔风格。这便是如今看到的大雁塔样貌。1991 年维修塔檐及塔顶时，发现明代包砌的外层塔壁与内层的唐代塔壁之间，有 2~3 厘米间隙，证明具备内外层隔离式保护空间。

清代，康熙年间（1662—1722）、乾隆十一年（1746），大雁塔屡经重修。

1931 年，再次维修。

1954—1955年又有维修。1956年，成立西安市大雁塔保管所。1961

年，成为全国重点文物保护单位。1989年、1991年，相继加固了塔基，翻修内壁、楼梯、楼板，整修塔檐、塔顶，安装避雷设施。2008年，受汶川地震波及，塔身轻微损伤，有局部维修。2014年，列入《世界遗产名录》。

经历千年风雨，古塔建材老化，加上地下水被过度开采导致的地面不均匀沉降，塔身自康熙五十八年（1719）起出现向西北方向倾斜，1996年实测数据是倾斜 101.05 厘米，2005 年实测数据是倾斜 101.9 厘米。为此，采取了地下水回灌措施，塔身按照每年 0.1 厘米的速度逐步回正。如此，千年之后，大雁塔将回归到建造之初的位置。

2016 年，搭架维修，补葺残损塔砖，消除了砖缝增大和空鼓现象。

大雁塔的形制

今天的大雁塔，虽经明朝加厚处理，大体上还是保留了唐代长安年间初建时候的形制，为楼阁式砖塔。

现存唐塔，主要分布在四个地区：以嵩山地区为主的中原地区，关中地区，山西，云南大理。

从现在留存的数千座古塔来看，楼阁式塔多为楼阁式砖塔，技艺水平与观赏价值最高。

唐代砖塔，现存优秀建筑如唐总章元年（668）建造的西安兴教寺玄奘塔，唐开耀元年（681）建造的西安香积寺塔，长安年间建造的大雁塔与小雁塔，嵩山永泰寺塔和法王寺塔，辽宁朝阳市北塔，平面几乎都是方形，鲜有例外。外形上立体线条，直中有折，方正而有变化。各层外壁逐层收进，塔檐四角方中见圆，层次明朗，整体风格简洁古朴、端庄厚重。内部结构多为上下贯通的空筒，可登临，木板划层。

今天的大雁塔为方形七层楼阁式空心砖塔，由地宫、塔基、塔身、塔刹三部分组成。全塔通高 64.7 米。

地宫尚未发掘，情况不明。但据史料记载，唐贞观十九年（645），玄奘从印度取经归来后，带回大量佛舍利、贝叶梵文真经、佛像等，有可

慈恩寺大雁塔西门楣画像石拓本

能藏于大雁塔下的地宫内。2007 年，文物工作者对大雁塔进行雷达探测，发现地下有空洞。

塔基砖构，高 4.2 米，南北长约 48.7 米，东西长约 45.7 米。

塔身平面呈方形，塔体呈方锥形。

内部为砖砌仿木结构，由青砖和土墼（湿土夯筑的风干砖）作为承重结构，由数十根木柱和对应的横梁构成筒状结构。1~2 两层有 9 间，3~4 层有 7 间，5~8 层有 5 间，整体上越往上木柱越少。由下而上按比例递减，明显向内收分。每层壁面均用砖砌成扁柱及栏额，塔内有木质阶梯，每层方形塔室四面均辟有券门，可以瞭望四周景色。

塔身底层，边长 25 米，全用青砖砌成，磨砖对缝。塔南门两侧的砖龛内，嵌有褚遂良所书太宗撰写《大唐三藏圣教序》和太子李治撰写《大唐三藏圣教序记》，被誉为“二圣三绝碑”。

底层四面券门的青石门楣和门框上，均镌刻有精美的唐代线刻画，内容包括人物、佛殿图与花纹，精美华丽，是了解唐代建筑形制的宝贵图形资料。

其中，南门的券洞两侧还嵌有《玄奘负笈图》和《玄奘译经图》。

慈恩寺大雁塔西门楣石画像摹写（吉川灵华绘）

西门楣上的《弥陀说法图》，相传为唐代大画家阎立本的手笔，内容是宝殿之内释迦说法之相，对考证唐代木造建筑之遗制，有重要文物价值。日本近现代画家吉川灵华（1875—1929）曾摹写西门楣石画像，他是明治“浮世绘”画家杨洲周延（1838—1912）的门人。

南门楣石画像，为黑色大理石制作，在圆拱内，阴刻有释迦转法轮相，手法流畅，展露初唐高雅气象。

塔刹高 4.87 米，平砖攒尖，上有釉陶宝葫芦。

整体看，大雁塔气魄宏大，简洁稳重，比例协调，庄严古朴。

与百年前的照片对比，慈恩寺内的建筑，经历近几十年的大规模重建，已经有很大变化。大殿前的碑碣，均被移走。大雁塔经过修整，仍然保持原样，特别是其底层四面门楣线刻仍保持原状；南门左右两侧龛室中的《大唐三藏圣教序》碑与《大唐三藏圣教记》碑，均完好无损。

小雁塔

典型的早期密檐式塔

089

荐福寺小雁塔

小雁塔位于西安荐福寺内，故又称荐福寺塔，是典型的唐代密檐式塔。因比慈恩寺的大雁塔略小，建造时间稍晚，故明代之后正式称为小雁塔。1961年，国务院列为第一批全国重点文物保护单位。2014年，联合国教科文组织第38届世界遗产委员会会议上，小雁塔作为中国、哈萨克斯坦和吉尔吉斯斯坦三国联合申遗的“丝绸之路：长安—天山廊道的路网”中的一处遗址点，列入《世界遗产名录》。现与西安博物院合为一个国家AAAA级景区。2020年重新整修。2021年再次对游客开放。

小雁塔的千年历史

荐福寺建于唐睿宗文明元年（684），是唐高宗死后百日，宗室皇族为其“献福”而建造的，寺名献福寺。天授元年（690）改为荐福寺。唐中宗时，又有加建。

唐咸亨二年（671），义净法师（635—713）取道海路，只身搭乘波斯商船，自广州转抵印度，在那烂陀寺学习11年后，又游学印度各地，于武则天证圣元年（695）回到长安，带回梵文经典400余部。其《求法诗》云：“晋宋齐梁唐代间，高僧求法离长安。去人成百归无十，后者焉知前者难！路远碧天唯冷结，沙河遮日力疲殚。后贤若不谙斯旨，往往将经容易看。”

小雁塔则是为保存佛教大师义净从印度带回的佛经、佛像，于唐中宗景龙元年（707）修建的15层密檐式砖塔，义净法师在荐福寺主持营造。

义净法师在荐福寺主持的佛经译场，是当时长安三大译场之一，也是玄奘之后在佛经翻译上成就最大的一处。此外，他所撰《南海寄归内法传》和《大唐西域求法高僧传》等书，是研究中印文化交流史的珍贵史料。

建造之初，位于安仁坊的塔院与位于开化坊的荐福寺，隔

小雁塔平面图

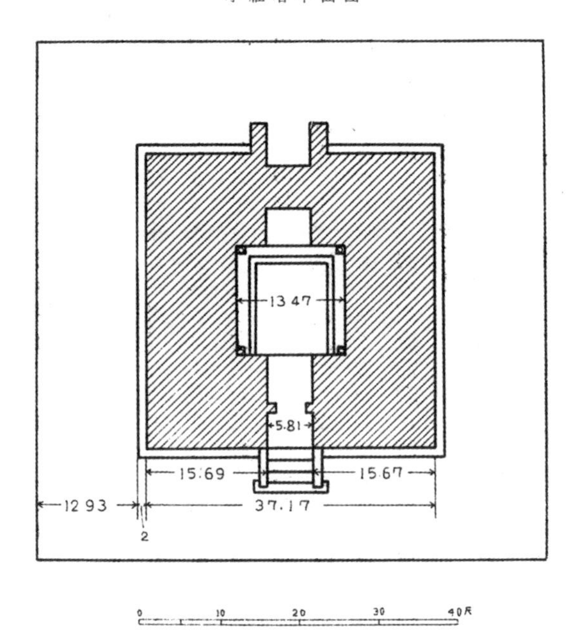

街相对。北宋熙宁九年（1076）宋敏求所撰《长安志》，是中国现存最早的古都志，其中有“次南安仁门，西北隅，荐福寺浮屠院，院门北开，正与寺门隔街相对，景隆中宫人率钱所立”的记载。

唐末战乱，寺院毁废，而小雁塔幸以保存。

宋代，元祐年间（1086—1094）荐福寺已迁入安仁坊的塔院内，与小雁塔合为整体。政和六年（1116），一位自称“山谷迂叟”的民间义人自愿修缮小雁塔，并以白土粉刷塔身。

明代，宣德元年（1426）大修；正统十四年（1449）大修，明英宗御赐寺名“敕赐荐福寺”。小雁塔在明代经历多次大地震。成化二十三年（1487），长安大地震，小雁塔从顶部到塔底裂开，最宽处裂缝一尺多。正德十六年（1521），长安地震，但小雁塔非但没有倒塌，反而在一夜之间合上了原有的大裂缝。小雁塔门楣刻石上记述：“明成化末，长安地震，塔自顶至足，中裂尺许，明澈如窗牖，行人往往见之。正德末，地再震，塔一夕如故，若有神比合之者。”嘉靖三十四年（1555），华县大地震，塔顶被震塌，缺失两层，存13层至今，但塔身依旧完整地保持唐代风貌；嘉靖四十二年（1563）复震，再次“塔合无痕”。

清代，也有多次修缮，康熙三十年（1691）塔身又裂，康熙三十一年（1692）大修，后又新建藏经楼和南山门等建筑；到康熙六十年（1721），塔身第三次神奇复合。如此，小雁塔经历了“三离三合”。究其原因，近年对小雁塔地基的调查发现，为了克服西安地质情况的不利影响，唐初建塔时，建有一个上平下圆的半圆球体塔基，夯土筑成，有效分解了地震的破坏力。

明清两代，乡试中的武举人在发榜之后，会到荐福寺内的小雁塔题写自己的名字，故称“雁塔武举提名”。

1965年修缮时，在塔身加了六道暗藏的钢箍，并在塔顶安装防水设备和避雷针。

小雁塔形制

佛教以奇数表示清白，塔的层数也以奇数为多。单层塔，多为高僧墓塔。一般的塔以七、九、十一、十三级为多，七级最为常见。十五级和十七级罕见，如西安小雁塔、河南登封的嵩岳寺塔、云南大理南诏塔。偶数塔仅见于河北、云南地区。

小雁塔为15层塔，方形密檐式砖塔，内设木质盘梯，可登临。原高约46米，因最上两层已震坍，现为13层，残高为43.395米。

小雁塔由地宫、基座、塔身、塔檐构成。

地宫，位于塔基中部，为竖穴，民国时期发现时，虽无开启痕迹，但地宫内未发现史籍所记载的舍利与经卷。因此，有学者推测，下层应该还有暗藏的地宫。

基座为砖质方台，南北各开有一券门，青石门楣门框，券门下为青石阶梯。

门楣石上，线刻供养天人和蔓草、祥云、迦陵频伽（妙音鸟）等精美图案，反映了初唐时期的艺术风格。

1906年，日本学者关野贞来此考察后记述：“正面大道之上，左右有黑大理石所造门之方立石，支撑楣石。楣石上有栉形石。方立石外侧及侧面间，作有浅浮雕宝相花纹。楣石中部阳刻有宝相花，左右阳刻有迦陵频伽。栉形石上，中央可见有舍利壶，其左右作有二飞天之云中供养图。边缘各点缀有两只飞禽。所刻之飞天、迦陵频伽、宝相花、飞禽、云纹尤充分展示出流畅优美之初唐气象。可惜因后人刻字、题名，其优美之处已有损毁。此刻字叙述明代成化末，因地震中塔自顶至足，中裂尺许。此后再地震，塔一夕如故，若有神比合之者。其他尚有刻宝相花、云中供养两飞天之石。其雄壮瑰丽殆如前者。亦因嘉靖年间题名，面目大伤。”

荐福寺小雁塔南门和北门楣石

基座四周，原有“缠腰”，即环绕塔身的大檐棚，砖木结构，可惜毁于金元时期的战火。清代在底层北券门外增建砖砌门楼，并在塔基座南侧增建石门坊。

塔身为四方形，青砖结构。塔身底层高大，边长11.38米，二层以上高宽递减，逐层内收，六层以上收杀剧烈，以自然圆和收顶。叠涩挑檐，各层檐下砌斜角牙砖。

塔身内部，为单壁空筒结构，塔壁无柱额，但有木构式的楼层，有木质盘梯上达塔顶，但从设计思路看非为观光之用。塔身南北各辟券门，采光透气，左右用叠涩砖砌成低矮的平座。

塔身上为塔身每层砖砌出檐，檐部叠涩砖，间以菱角牙子，以起到稳定的作用。

塔刹于明代嘉靖三十四年（1555）地震时，与顶部两层一起震落坠地，今已不存。

雁塔晨钟

荐福寺初建时，便有一口大钟，义净法师译经时，便每日清晨击钟。小雁塔现在保存的大铁钟，为金明昌三年（1192）铸造，高 3.5 米，口径 2.5 米，厚 5 厘米，重约 10 吨，是武功县崇教禅院（原慈德寺）所遗留之物，钟身下方有“陕西京兆府乾州武功县界崇教禅院”等字样。明代年间被洪水冲到河里，为一农妇河畔捣衣时在河底发现，于景泰年间（1450—1457）移至小雁塔。“雁塔晨钟”，为关中八景之一。钟声清亮，塔影秀丽，别有古韵。清代诗人朱集义有“嶒弘初破晓来霜，落月迟迟满大荒。枕上一声残梦醒，千秋胜迹总苍茫”的诗句。

早期密檐式塔的缺陷

在千年岁月里，小雁塔经受了 70 余次地震（其中有 10 多次是毁灭性地震）的考验，巍然屹立至今。小雁塔塔形秀丽，是唐代佛教建筑艺术遗产，但是作为早期密檐式塔的代表，也存在结构上的缺陷。塔身所开券洞，南北相对，上下成串，整体结构有缺陷，易受地震影响。后期的密檐式塔有了改进，门窗上下交替错位，增强了抗震性能。

与百年前的照片相比，小雁塔顶部和各层檐边经过维修，保持原样。

会善寺净藏禅师身塔

现存最早的八角形塔

097

会善寺全景

会善寺位于少室山的西南麓积翠峰下，登封市城北 6 千米。按寺院历史上的规模来说，会善寺曾经是嵩山中仅次于少林寺的巨刹。

会善寺始建于北魏孝文帝时期（471—499），是古代嵩山地区僧人的授戒中心，与少林寺、法王寺、嵩岳寺并称为“嵩山四大寺院”。

会善寺

会善寺原为魏孝文帝避暑离宫；恭陵王为了澄觉禅师舍宫为寺；孝明帝时名闲居寺；隋开皇年间（581—600）改名会善寺，后毁于兵燹；唐初重建寺宇，到达鼎盛时期，先后有道安（慧安）、净藏、景贤等高僧住寺；武周久视元年（700），武则天临幸此寺，拜道安禅师为国师，赐寺名为安国寺，增建殿宇；唐大历二年（767），高僧一行和玄同奉敕创设戒坛（俗称琉璃戒坛），为唐代全国重要戒坛之一；五代后梁时，会善寺一度毁废；北宋开宝五年（972），重建大殿，赐名嵩岳琉璃戒坛、大会善寺；元明清时期，寺院逐渐衰微，但也有重修。

历代住寺高僧有一行师徒、道安禅师（俗称老安和尚）、净藏禅师等。其中，僧一行（673—727），不但是高僧，还是著名天文学家，本名张遂，在会善寺修订出当时世界上比较先进的历法《大衍历》，测出地球子午线弧长，并发现恒星的运动。

现存会善寺为两进两院，西院 11 座建筑，东院 7 座。大雄宝殿为元代建筑，后多次重修，单檐歇山顶，面阔五间，进深三间，出檐深远，斗拱硕大朴实，是嵩岳地区仅存的元代木结构建筑，也是现存最古老的建筑之一。其他建筑均为硬山式灰瓦顶。

寺内有道安禅师碑、净藏禅师碑、景贤大师身塔石记碑、戒坛记碑等

嵩山会善寺戒坛院威公山王塔

会善寺净藏禅师身塔

碑碣石刻 30 余方。

近年，寺院经过修整，新建了山门。2001 年，会善寺被列为第五批全国重点文物保护单位。2010 年，包括会善寺在内的登封“天地之中”历史建筑群被列为世界文化遗产。

净藏禅师

净藏禅师（674—746），俗姓戚，道安禅师弟子，会善寺高僧，禅宗七祖。武周长寿二年（693）出家。圣历二年（699），到嵩山会善寺礼道安为师，“亲承谘问十有余年”，持诵《金刚》《般若》《楞伽》《思益》等经；唐景龙三年（709）道安禅师圆寂后，净藏禅师到岭南韶郡，拜慧能为师；开元二年（714），净藏持法灯回归，又回到会善寺，弘法于中岳，在嵩山地区首传南宗顿悟禅法长达 30 余年，开南宗北传之先河，史称“净藏北归”。净藏禅师同时继承了南北的禅法，入灭后，慧云、智祥等弟子建塔供养遗骨。

净藏禅师身塔

净藏禅师身塔，简称“净藏禅师塔”“净藏塔”，是净藏禅师的墓塔，位于会善寺小院西数百米处，是单层重檐仿木结构的亭阁式砖塔。塔基高大，塔身粗壮，工艺奇巧，是古塔中之珍品。建于唐天宝五载（746），是中国最早的八角形砖塔。通高 10.35 米，整体由基台、塔身、塔顶和塔刹组成。

基台高 2 米，底部边长为 2.65 米，有台阶。塔身八角形，每边长为 1.93 米，高 2.8 米，是该塔建筑结构和装饰艺术的精华部分。塔身下部为须弥座，由上下枋和中间的束腰组成。束腰的每面，都砌出三个扁长的壶门，是典型的唐代形制。塔身中部，各角都有八角形粗壮倚柱凸出，柱头为覆盆式，上承

《嵩山会善寺故大德净藏禅师身塔铭》拓本

转角铺作，造型十分考究。塔刹高 1.7 米，青石雕造，有精美雕凿的仰覆莲、覆斗、承珠云盘和火焰宝珠。

八面塔身，南面为单券拱门，东西两面分别饰以砖雕的板门，北面便是记述净藏禅师生平的塔铭。其余四面，各雕一破子棂窗。

塔身单券拱门里面是塔心室，平面八角形，顶部为八角攒尖。

总体看，净藏禅师身塔以砖代木，逼真表现出唐代八角亭式木结构的柱子、额枋、斗拱、人字拱、门窗等做法，形态优美，充分体现出了唐代木造建筑的特点。

北立面镶嵌的《嵩山会善寺故大德净藏禅师身塔铭》，高 57 厘米、宽 59.5 厘米。铭文行书，记述了净藏禅师生平，以及建塔经过："敬重师恩，勒铭建塔。举高四丈，给砌一层。"

1964 年与 1998 年，净藏禅师身塔得到修缮。1988 年，列为第三批全国重点文物保护单位。历经千年岁月，净藏禅师身塔屡经修葺，保持原来形制。塔壁所嵌《嵩山会善寺故大德净藏禅师身塔记并序》碑石，也保存完好。

近世学者对净藏禅师身塔的评价

日本学者关野贞《中国文化史迹》:“会善寺净藏禅师身塔，位于寺院的西方。建于唐代天宝五载。其平面为八角形，由两层构成，立于基坛之上。基坛高约八尺，现在遭到了破坏，很难看出当初的形制。第一层塔身保存完好。一面长六尺三寸七分。下面有很低的基坛，各面有三区的格间隙。柱子为八角形，上面有大斗以及三斗，斗拱间有唐代特有的人字拱。塔身的正面上开有半圆拱的入口，左右两侧面上有门的形状，可以看到立方、门楣、币轴以及镮甲的形制。后壁之上嵌插着塔铭石。各隅面在横木上有格子窗。塔檐由砖向外突出构成飞檐，屋顶也以砖筑，上部的第二层塔身明显低且小，塔檐上的各角装饰有大的花叶，冠以球盖，盖顶上有大理石的珠莲花座。莲花座的花瓣雕饰最为华丽。总体而言，此塔姿势自然，形态优美，尤其是斗拱、人字拱、窗户的手法充分体现出了唐代木造建筑的特点。”

梁思成《中国建筑史》:“净藏禅师以天宝五载（746）殁于此寺，塔之建造至迟恐不出数年之外。塔平面作等边八角形，内辟八角小室。塔全部砖造，下为高基，崩毁殊甚，难辨原形。塔身各隅，砌成倚柱，露出五面，当为八角柱也，柱下无础，上施把头绞项作斗拱，角上与批竹耍头相交于栌斗口内。柱头上施阑额，额上施人字形补间铺作。塔身正面辟圆券门，左右两侧则作门扇形，隐出门钉，背嵌铭石一块。其四隅面侧做成直棂窗形，塔身以上，叠涩出檐，然甚残破。屋顶之上则置须弥座，八角砌成山华蕉叶形。更上则为平面圆形置须弥座一层，上施仰莲；最上则为石制仰覆莲座及火焰宝珠。”

梁思成《中国的佛教建筑》:“它的平面是八角形的：表面上用砖砌出柱梁斗拱和门窗等。这座单层的小小的八角形砖塔，可以被认为是后来八角塔的始祖。”

梁思成和刘敦桢合著《塔概说》:“唐代砖石结构的墓塔中，采用木构式样最多的，只有净藏禅师塔一处……全体形范与日本奈良法隆寺梦殿接近……盛唐木建筑的式样，可由此推测一部分，单就平面采用八角形一点而言，在已知的资料里没有比它更重要、年代更古的了。”

罗哲文《中国古塔》:“此塔的斗拱，仅见于太原天龙山北齐石窟与其他雕刻绘画中，真正实物在我国尚属罕见，是极珍贵资料。塔上门窗雕刻所表现的木结构形式，均为唐代手法，为研究唐代木结构的重要参考。”

灵岩寺辟支塔和塔林

数一数二的名塔

灵岩寺

灵岩寺位于山东省济南市长清区万德街道，地处泰山西北。

灵岩寺历史悠久，始于东晋，兴于北魏，盛于唐宋，底蕴丰厚，被誉为山东名刹。

东晋时期，僧人朗公始建寺院在此说法时，传闻山上乱石也在点头，故称“灵岩”。北魏孝明帝时期，法定禅师重建。现存灵岩寺是唐贞观年间（627—649）慧崇法师建造，历代修葺增建。在历朝历代官府的庇护下，僧伽繁盛，香火兴旺，最盛时殿阁 50 余座，禅房 500 多间，僧侣 500 余人，形成了规模宏大的古建筑群。唐宋时期，与天台国清寺、荆州玉泉寺、金陵栖霞寺同称“城中四绝”，并称“天下四大名刹”，灵岩寺名列其首。明代学者王世贞有“灵岩是泰山背最幽绝处，游泰山而不灵岩，不成游也”之说。至清乾隆年间仍有殿宇 36 座，亭阁 18 座。

唐高宗以来历代帝王到泰山封禅，也多到寺内参拜。清乾隆帝在灵岩寺建有行宫，巡视江南时曾八次驻跸灵岩寺，并作诗多首。

现存建筑多属多为明清时期遗存，有天王殿、大雄宝殿、千佛殿、钟鼓楼、五花阁、御书阁、辟支塔、墓塔林等。同时，灵岩文物古迹丰富，有积翠证明龛、墓塔林、五花殿石柱、千佛殿内精美生动的宋代彩塑，以及一大批珍贵的碑碣，如《灵岩寺颂碑》《灵岩寺田园记》《大元国师法旨碑》《十方灵岩寺碑》《息庵禅师道行碑》《肃公禅师道行碑》等。这些由僧人、官吏、文人等留下的碑铭，记载了灵岩寺发展历程和知名僧人的生平事迹，历史价值和艺术价值较高。

1936 年，《中国营造学社汇刊》第六卷第二期发表梁思成、林徽因、刘敦桢等对山东智古建筑的调查报告：“长清县灵岩寺宋代（明重修）千佛殿辟支塔及五花殿遗址……唐代法定塔及惠崇塔，并宋元明累代墓塔

灵岩寺千佛殿

一百四十余座。”

1982 年，国务院将灵岩寺列入第二批全国重点文物保护单位名单。现为国家 AAAA 级景区，是世界自然与文化遗产泰山的重要组成部分。

灵岩寺颂碑

《灵岩寺颂碑》是灵岩寺内非常重要的一块功德碑，位于灵岩寺鲁班洞洞内石壁上，立于唐天宝元年（742），唐代李邕撰书，行书，笔力雄浑。碑残高 190 厘米，宽 100 厘米。21 行，满行 42 字，字径约 3 厘米。

碑体下半残破，已成两段，右下部分缺失。下半部前 9 行佚失，10 行铭文残缺近半。虽已残泐，缺字缺文，但尚有约三分之二的文字可以识别。

碑文叙述了灵岩寺自法定禅师建寺至唐开元年间的历史变迁，记录了历代高僧的事迹，具有珍贵的历史价值。

释文如下：

灵昌君太守（以下残泐）邕以法有因，福有缘，故得真僧戾止，神人告祥，宜（以下缺 23 字）或真空以悟圣，或密教以接凡，谓之灵岩，允矣。真（以下缺 23 字）晋宋之际，有法定禅师者，景城郡人也，尝行兰若，（以下缺 22 字）若是者历年，禅师以劳主人，逝将辞去，忽有二居士（以下缺 22 字）建立僧坊，弘宣佛法，识者以为山神耳。因（以下缺 22 字）夫山者，土之至厚；谷者，虚之至深；水者，因定而清。林（以下缺 22 字）贝叶之经，衡岳廓莲花之会，独人存法立事，著名扬（以下缺 22 字）空，矧乎辟支佛牙，灰骨起塔，海龙王意，贸金（以下缺 22 字）仍旧。昔者州将厚具，邑吏孔威，广□支保，多借器物，□义□□解脱，禅师□杖叩力士，胫曰令尔守护而送之，仍施绢五十匹。□若武德阿阁，仪凤堵波，□□祖削平之初，乃发□宏愿。高宗临御之后，克永光堂，大悲之修，舍利之□，报身之造，禅祖之崇，山上灯□□切，宇内□含那之揖，六身铁像次者，三躯大□金刚□增袠。

远而望之，云霞炳焕乎丹霄；即而察之，日月照明□道。此皆帝王之力，舍以□，□国财，龙象之□竭慈二□□容植之不生，泛于草间，秽于垅上，职由□保□茂，虑道摧□清净之田，解昏迷之缚，不燃□□□律，住持入慧之境；□繁文字，削笔杪于连章，□广间遗刻。□俭圣□傅大法僧净□，惟诸佛□□□□□□。上座僧玄景、都维那僧志祥、寺主安禅，或上首解空，或出□□义。僧崇宪、僧罗睺、僧零范、僧月光、僧智海、僧□□等，永言悟入，大启津梁，咸高梯有凭，胜宅自照，仍依俗谛，□□典碑，宛委昭宣，弘长增益，桃源失路，迷秦汉而，□□天长。其词曰：

《灵岩寺颂碑》拓本

倬彼上人，巍乎曾岭，冥立福地，神告□□。爰始幽居，逝言遐映，□用□照，尘芳外屏。其一。

□□□宫，岁时建置，今古齐同。磴道逶迤，霞阁玲珑，其二。

□□效灵。触类元相，扶持净域，警诫州将，□□□□。其三。

□□岳寺，台之国清，岱之北阜，蒲之要陉。是人依法，召事联声，宜□□二，谁云与京。其四。

硕德勤修，真□□□，□哉博觉，以极斯万。其五。

大唐天宝元年岁次壬午十一月壬寅朔十五日景辰建

辟支塔

“辟支”是佛名，音译为“辟支迦罗”，辟支迦佛陀的简称，简称为“辟支佛”。辟支佛生在释迦牟尼已经不在世间的年代，依靠自己悟道成佛。

《法华经·譬喻品》曰：“若有众生，从佛世尊，闻法信爱，殷勤精进，求自然慧，乐独善寂，深知诸法因缘，是各辟支佛乘。”鸠摩罗什译龙树菩萨所造典籍《智度论·十八》中有“辟支佛有二种，一名独觉，二名缘觉。”佛教基本经典《阿含经》称：“四种人应该起塔，如来、辟支佛、声闻、轮王。”

辟支佛信仰，随佛法东传一起来到中国，一些高僧会被尊喻为辟支佛。

辟支塔，就是根据经律学说所建之塔，功能是崇拜与供养辟支佛。古印度有多座辟支塔。

辟支塔是灵岩寺的主要标志，挺立于寺内西侧，密檐楼阁式建筑结构，形制独特，非常少见。北宋官员、诗人杨蟠（1017—1106）《辟支塔》有“佛心随处见，层出更分明。不用催灯火，天高月白生”的诗句。

关于灵岩寺辟支塔的修造时间，有不同的说法：一是宋代张公亮所撰《重修灵岩寺记》，认为北宋景祐年间（1034—1038）重修灵岩寺时，辟支塔已经存在；二是清代马大相所撰《灵岩志》，认为辟支塔为唐天宝中建，北宋嘉祐中及元代重修。清代聂剑光《泰山道里记》：“唐天宝中建，北宋嘉祐年间重修，元明相继维修之。”

古建筑专家罗哲文认为：“北宋嘉祐年间重建。现存之塔是北宋重建的遗物。”

古建筑学家陈从周考证，辟支塔结构为“北宋通行砖塔”之一种。

综合文献资料与寺内刻石，多数学者认为，辟支塔始建于唐天宝十二载（753），为惠崇禅师创建。北宋太宗淳化五年（994）重净禅师重建，历时63年，于仁宗嘉祐二年（1057）竣工，元代曾有重修。

灵岩寺辟支塔平面为八角形，为八角九层十二檐的密檐楼阁式砖砌塔。塔高55.7米，底围48米。

塔基为石筑八角。1995年11月至1996年4月，考古专家在灵岩寺

灵岩寺辟支塔

灵岩寺辟支塔建立布施者列名刻石左右石柱纹样拓本

内发掘出了一些重要的建筑遗迹，包括被山洪淤土覆盖埋没的灵岩寺辟支塔塔基。塔基的八个立面均镶嵌着浮雕嵌板，共 37 幅，是目前世上唯一的阿育王故事组雕图像，用连环画形式讲述阿育王的故事，画面形象生动，还有简要介绍故事情节的 14 处题记。浮雕嵌板下方，刻有供养人的姓名。其中有两幅浮雕，表现阴曹地府酷刑场面；另有一幅浮雕，表现古代战争的残酷。

相邻的两嵌板之间，包镶竖石，竖石上刻有供养人图像。其上压砌横石，表面线刻图样，还有题刻有关浮雕嵌板内容的文字。塔基八面转角处，雕刻承托宝塔的天王。

塔基的浮雕艺术特色在于：一是题材内容丰富，不仅有佛教故事，还有现实生活、神仙故事传说；二是构图独特，故事脉络清晰，线条变现力丰富，在散点透视的基础上，又添加了稚拙的焦点透视；三是表现手法写意化、中国化，无论是人物形象、服饰、动植物、建筑物及各种用具造型，有明显的中国化特征。

塔身为青砖砌成，通体呈灰白色，四向辟门。造型奇特，各层皆施腰檐，但上下不一：一至三层为双檐，塔身外檐下出拱；二至四层檐下置平座；四至九层为单檐，无平座。从整体看，塔檐与塔径自下而上逐层递减，收分得体，挺拔雄伟，其形制在国内绝无仅有，可能是密檐楼阁式塔的开端。

塔内一至四层设塔心柱，内辟券洞，可循砖砌台阶而上，自第五层以上砌为实心结构，台阶设于塔身外檐，可沿外檐平座绕行，登临塔顶。这种结构在石塔上偶有发现，但砖塔罕见。

铁制塔刹，由覆钵、露盘、相轮、圆光、仰月、宝珠组成。有八根铁链，分别由九层塔檐的八尊铁质金刚拽引加固。铁链在塔内延续到地下，起到避雷作用。

整体看，辟支塔气势雄伟、纤巧挺拔，做工精湛，庄严大方中又体现玲珑奇巧，是典型的宋塔风格。宋代文学家曾巩赞曰：“法定禅房临峭谷，辟支灵塔冠层峦。”日本学者常盘大定评论道：“此类塔中，能保存完全形态至此种程度，且不仅存有修建年代之记录，当时之佛像亦安置在内者，唯此塔而已。”

灵岩寺塔林

唐代中晚期，在寺外一里范围内设置高僧墓塔区的规制逐渐形成。

灵岩寺塔林，是灵岩寺历代高僧的墓地，位于千佛殿西南约 500 米，南北长约 50 米，东西宽约 60 米，当中有甬道。现有历代墓塔 167 座，

灵岩寺历代住持墓塔

灵岩寺历代住持墓塔一组

其中唐代1座、北宋6座、金代5座、清代3座，其余为元明遗物，志铭碑81方。灵岩寺塔林是一座古代石刻艺术博物馆，从规模上看，仅次于少林寺塔林；从其他方面看，与少林寺塔林不相上下。

这些墓塔和志铭，反映了各个历史时期的雕刻特征和寺宇史实。与百年前的照片相比，只有少量残损，大多完好保存。

墓塔由塔座、塔身、塔刹组成，形制多样，造型古朴、雕工精细。塔座呈方形、圆形、八角形，有的雕刻成金刚与力士顶托的莲瓣式，有的雕刻成须弥座式。塔身较高大，依形制分为方碑形塔、钟形塔、鼓形塔、喇嘛塔、经幢式塔、亭阁式塔等，以钟形塔居多，塔身刻有僧人法名年号；塔刹由覆钵、相轮、覆盆、仰月、宝珠等组成。

墓塔旁通常有志铭碑，记载高僧的经历，反映灵岩寺的历史沿革，是研究佛教发展史的珍贵史料。

灵岩寺塔林也反映了中外友好交往的历史。灵岩寺第39代住持息庵，即少林寺第15代住持，其门下日本僧人邵元曾随息庵至少林寺，元至正元年（1341）息庵圆寂后，邵元撰写碑文《息庵禅师道行碑记》，所题"日本国山阴道但州正法禅寺住持沙门邵元撰并书"，字迹清晰可辨，碑文保存于《泰山志》卷十八中。1908年，日本学者桑原騭藏来此探查，在墓林东南隅见此碑，发表《山东河南地方游历报告》，此碑因此为学界所知。

灵岩寺慧崇禅师塔

慧崇禅师塔

慧崇禅师塔，简称“慧崇塔”，是唐代高僧慧崇的墓塔，也是灵岩寺墓塔林中唯一的唐代石塔。

慧崇禅师塔建于唐天宝年间(742—756)。日本学者常盘大定考证:“据《灵岩志》载，贞观中，有高僧将甘露泉之西旧寺更向西移，于现今所在处营造，规模宏大，功绩直追开山法师法定。《泰山道里记》亦以千佛殿为唐贞观中慧崇所移建。”慧崇禅师对灵岩寺的建设和发展作出了杰出贡献，“天宝初入寂，寿近百岁，葬于寺西高原，其塔尚在……唐天宝中称慧崇塔”。

慧崇塔是石砌单层重檐亭阁式方石塔,为典型的单层石塔。全部石砌,且没有粉饰和着色，平面立面处理都是运用直线与直角作为造型元素。

总高约 8.4 米。造型上，分为塔基、下檐塔身、下层塔檐、上檐塔身、上层塔檐、刹座、山花蕉叶托宝珠塔刹，共七个部分。

塔基为须弥座，三层石座，带束腰平素，平面呈倒置的“凸”字状，长 7.41 米，宽 7.06 米，高 1.085 米。

塔身高 5.93 米，四边长 3.78 米。南面券门上有火焰状半圆浮雕，内有方形龛室，2.28 米见方，高 2.54 米，顶部为覆斗形，中设一台座，原供有慧崇像。东西两侧辟有半掩式假门，门上侧身迈出一人半露身躯，作开闭状，每扇门板有 16 颗门钉。券额刻狮首、伎乐、飞天、力士像，券门下角有卷纹装饰。

下层塔檐，是带有叠涩出挑的凹曲线。

塔檐之上，是方形台座，其上是小型塔檐，出檐三层，逐层叠涩内收，形成塔顶之上的塔刹基座。

塔刹高约 1.39 米，以山花蕉叶为座，上置花瓣状露盘、仰莲、宝珠。

总体看，慧崇塔古朴醇厚，颇具盛唐风格。梁思成《中国建筑史》这样描述:“建于贞观中。塔全部石造,平面正方形,正面辟方门,外饰以圆券,券面刻作火焰或宝珠形，侧面亦作门形，但作假门扇，其上安门钉。塔身上叠涩出檐，其上更有极矮塔身一层，亦叠涩出檐，故全塔呈现单层重檐之状。顶上置须弥座、山华蕉叶，以承仰覆莲及圆珠形塔顶。”

祖师塔

祖师塔，又称法定塔，为法定禅师墓塔，是塔林中唯一的砖塔。具体建造年代不详，从形制推测为五代时期，反映了印度塔传入中国后的原始风貌，至今保存基本完好。

祖师塔，为单层重檐亭阁式砖砌方塔，总高 10.25 米，自下至上，可以细分为基座、须弥座、塔身、塔檐、大仰莲、小仰莲和塔刹七个部分。除基座为石质外，均为清水砖砌筑，无粉刷或着色，呈现出素朴的青灰色。

灵岩寺祖师塔

基座高 2.1 米，底边宽度 6.84 米。石质，正方形，平素无装饰。

基座之上为须弥座，高度 0.61 米，底边高 0.13 米，宽度 5. 15 米。

塔身单层，高度为 2.42 米，上下有一个装饰边，南面正中辟拱券门，另外三面为素面。门洞宽 1.53 米，下部与须弥座上的平台齐平。门内是方形塔室，三面素墙，上层实心穹庐顶，叠涩砖砌。

塔檐总高 1.9 米，先以 14 层叠涩挑出，凸曲线形，最宽处为 6.31 米；其上再叠涩收分 12 层，最上层宽 3.692 米。

大仰莲总高 0.95 米，下部有束腰装饰，上有两层装饰边。小仰莲造型与大仰莲近似，总高度为 0.62 米。

塔刹的总高度为 1.65 米，由基座、宝珠、塔顶三部分构成。

与慧崇塔的精美装饰相比，祖师塔更显庄重。

灵岩寺海会塔

海会塔

海会塔位于墓塔林东区的北侧，距祖师塔东侧 5 米多，建于北宋宣和五年（1123），至今保存完好。

“海会”是佛教术语，意为德深如海，圣众会聚。

海会塔，又称“普同塔”“普通塔”，是指藏亡僧之骨于一处，海众同会一穴，众僧之纳骨塔，也就是寺僧的总墓。海会塔这种葬制，始于唐代。有学者在对古塔的调查中发现，目前全国有 74 座海会塔。

灵岩寺海会塔，北宋宣和年间（1119—1125）由妙空禅师为众僧营造。

妙空禅师（1071—1141），号净如，又号“方山老拙”。据写于金皇统二年（1142）的《妙空禅师塔铭》记载，妙空禅师曾先后两次在灵岩寺担任住持，第一次是在绍圣年间（1094—1098），第二次是在政和年间

（1111—1118）。

妙空禅师在灵岩寺担任住持期间，看到寺内以往僧人的墓葬状况，有财力的僧人可以为自己建立坟墓，没钱的僧人则在死后暴尸荒野，骨灰四散。因此，妙空禅师决定为没有财力安葬的僧人修建大型公墓，这个决定得到了寺僧支持，集资加入。六月初一开工，七月十五日建成。这一善举得到寺僧赞赏，并专门建碑铭记。塔身背后的《海会塔铭碑》，详细记录了建塔过程。

灵岩寺海会塔，为方形亭阁式石塔，总高 4.57 米，平面呈正方形，方形底座边长 2.82 米，塔身由扁方石板拼砌而成，塔身北面是《海会塔铭碑》，塔身中部东西南三面各开有一个龛洞，里面是三个竖井状墓室，便于后世安放骨灰。

灵岩寺海会塔，继承了少林寺墓塔的“三塔制”，但略加变通，墓室一分为三，中间安放住持骨灰，东边安放僧徒骨灰，西边安放童行骨灰。

全塔造型古朴，轮廓清晰、装饰简洁。

常盘大定评论：“方形坛基之上高置莲花座宝珠，形式与众不同。宝珠莲花座等手法充分展现了宋代繁复优美之特色。”

《海会塔铭碑》正书二十八行，僧祖英撰书，书体圆劲。释文如下：

有魏正光迄今圣宋，绵历年余八百，寺号之更迁，人物之臧否，以致隆窳，不可悉数。逮夫规式皭然，缁侣云委，土木备举，殿阁一新，无如今日。

堂头妙空禅师，唱导之闲，独念当山。从来先亡后化，积骨遗骸，有力则叠石累茔，星分垅亩；孤穷者暴露坑涧，灰烬狼藉，殊无以表丛林义聚之义。宣和癸卯寒食，师躬率众飨祖师窣堵之左，忽恻然为怀，即日芟草定基，揆作海会之塔，庶几聚其散滞以合为一，且使后来顺寂有归。于是举众欢然叹喜，师勇于有为而作利益事，乃佥请醵金，请助其费。六月初一基土，为穴作圹，圹分为三，中安住持，东安僧徒，西安童行。七月十五告成，预令报谕徒季收敛弃掷。二十日，营办供食，严持香烛，与阖寺之众作种种佛事，迎而葬之。已往者既获安其地，后来者亦乃均其利，举家靡不相庆曰:“吾侪像教独善其身，为目前计者倒指皆是。今堂上老师作利益事以垂永久，非愿力广大，悲智圆融，何以能此？”咸请书其岁月。

监寺比丘祖英谨题

灵岩寺《海会塔铭碑》拓本

題靈巖寺　眉陽蘇轍
青山何重重行盡土囊底巖高日氣薄秀色
如新洗入門塵慮息盥漱得清泚升堂見真
人不覺首自稽祖師古禪伯荆棘昔親啓人
迹尚蕭條豺狼夜相徙白鶴導清泉甘芳勝
醇醴聲鳴青龍口光照白石陛尚可滿畦塍
豈惟濯蔬米居僧三百人飲食安四體一念
但清涼四方盡兄弟何言庇華屋食苦當如薺
轍昔在濟南以事至太山下過靈巖寺為
此詩寺僧不知也其後見
轉運使中山鮮于公於南都公嘗作此詩并
使轍書舊篇以付寺僧元豐三年正月五日題

《苏子由题灵岩寺诗刻碑》拓本

灵岩寺两苏诗刻

灵岩寺的山色风光和高塔殿宇，吸引了历代文人墨客的目光。唐宋八大家里面的苏轼和苏辙兄弟，也在此留下了名篇佳作。

《苏子由题灵岩寺诗刻碑》，是元丰二年（1079）正月苏辙（字子由）手书题灵岩寺诗。释文如下：

题灵岩寺　眉阳苏辙

青山何重重，行尽土囊底；岩高日气薄，秀色如新洗。

入门尘虑息，盥漱得清泚；升堂见真人，不觉首自稽。

祖师古禅伯，荆棘昔亲启；人迹尚萧条，豺狼夜相抵。

白鹤导清泉，甘芳胜醇醴；声鸣青龙口，光照白石陛。

尚可满畦塍，岂惟濯蔬米；居僧三百人，饮食安四体。

一念但清凉，四方尽兄弟；何言庇华屋，食苦当如荠。

辙昔在济南，以事至太山下，过灵岩寺为此诗。寺僧不知也。其后，见转运使中山鲜于公于南都，公尝作此诗，并使辙书旧篇以付寺僧。元丰二年正月五日题。

苏子由从事于齐日，有题灵岩诗。鲜于子骏后漕京东刊石，顷失之。妙空被命而来，寺之敝陋更新。尽以诸公题刻，栉比于中门两壁。恨亡苏诗也。靖康初，偶得墨本于茌平李时升家，再模石。空明居士跋。

《苏东坡诗刻》，是苏轼于宋元丰四年（1081）所题，有学者认为是后世刻碑。释文如下：

予喜渊明归去来辞，因集字为诗六首

命驾欲何向，欣欣春木荣；世人无往复，乡老有将迎。

云内流泉远，风前飞鸟轻；相携就衡宇，酌酒话交情。

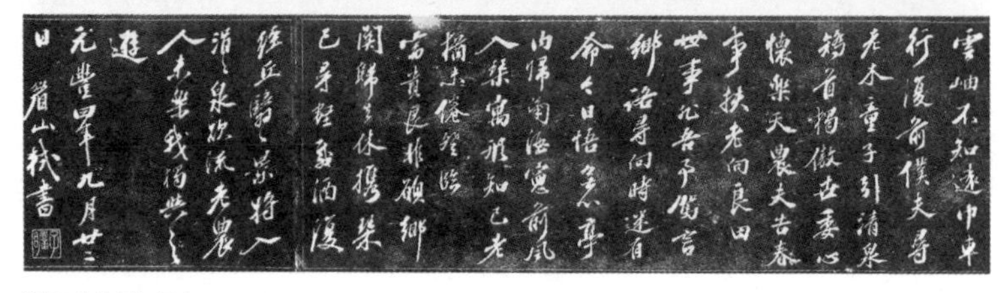

《苏东坡诗刻》拓本

涉世恨形役，告休成老夫；良欣就归路，不复向迷途。

去去径犹菊，行行田欲芜；情亲有还往，清酒引樽壶。

与世不相入，膝琴聊自欢；风光归笑傲，云物寄游观。

言话审无倦，心怀良独安；东皋清有趣，植杖日盘桓。

云岫不知远，巾车行复前；仆夫寻老木，童子引清泉。

矫首独傲世，委心还乐天；农夫告春事，扶老向良田。

世事非吾事，驾言归路寻；向时迷有命，今日悟无心。

亭内归菊酒，窗前风入琴；寓形知已老，犹未倦登临。

富贵良非愿，乡关归去休；携琴已寻壑，载酒复经丘。

翳翳景将入，涓涓泉欲流；老农人不乐，我独与之游。

元丰四年九月廿二日　眉山轼书

广惠寺花塔

最奇异华丽的塔

广惠寺位于河北省正定县南门内东侧，始建于唐贞元年间（785—805）。由于花塔名闻海内，广惠寺也被俗称为花塔寺，可惜寺院在清代晚期废弃。

1961 年，广惠寺花塔列入第一批全国重点文物保护单位名单。

1994 年起，历时 5 年，全面加固主塔，修缮各层塔门、平座栏杆与已失塔刹，并重建四隅小塔。

广惠寺花塔的前世今生

广惠寺花塔的始建时间，有不同说法。

据清光绪元年《正定县志》记载，广惠寺花塔始建于唐德宗贞元年间。

据塔前西侧壁间明正统十二年（1447）碑文所记，寺庙为唐高祖李渊时创建，唐开元年间（713—741）重修。明宣德九年（1434）至正统十二年（1447）之间，住僧广获募化，有大修之举："斯致上下高低，四维四旁，施五彩以妆成。其间八菩萨，用金箔以贴就，以此倚塔夯神。上塑狮象水兽，致使天花缤纷，琼香缭绕。"

寺前所立明嘉靖三十一年（1552）碑文记载，寺庙创建于魏隋年间，唐宋时历修。"我朝正统年间，有善士亦尝修□补坠……不三月而告成也。"

塔前壁间之明万历十一年（1583）碑文记载："既毁于金之皇统，复修于金之大定也。距今几二百年。砖瓦破缺，彩色漫漶……爰鸠工于正统丁卯夏四月，上澣落成于戊辰冬十一月。"

按以上资料看，初建年代互有出入，但最晚在唐初建成。金皇统年间（1141—1149）塔已废坏，金大定年间（1161—1189）重修，明正统年间（1436—1449）再修。后人根据第

一层内壁上的墨迹，综合塔的结构形式，推断现塔为辽金时期遗物。其后，花塔历经修补，惜无文献可征。

清代乾隆帝曾多次到广惠寺，登上花塔观览四周景色，写下“望远凭高每有意，堵波狮象记初来”的诗句，并留下题字“妙光演教”。

简单地说，广惠寺花塔原建于唐初，北宋重修，为楼阁式塔；金代皇统年间毁坏，残留两层塔身与塔心柱；金大定年间在原有基础上重修，形成有金代风格的花塔造型；后世多有维修。

广惠寺花塔的形制

花塔由上下毗连的四塔组成，皆为砖建。塔高 40.5 米。

花塔由主塔和附属小塔组成，用砖砌造而成。

第一层平面为八角形，在其每个正面附建了四座扁六角形的单层亭状小塔，主从相依，精巧秀逸。这种五塔组合的方式，形制接近金刚宝座塔。有学者认为，大塔浮塑莲瓣与小塔的圆锥状塔顶，象征《华严经》中是“莲花藏世界”。塔身正面及四座小塔都有圆形拱门，均采用五铺作单抄单下昂斗拱。

中央主塔最大，为楼阁式，重檐，屋顶葺瓦。主塔圆拱门通向塔内回廊和塔心室，其余四隅面毗连小塔。内部有八角形壁体的塔心室，内塑有唐代所造白色大理石佛像。壁体与外壁间有通路环绕，壁体间设有楼梯，可拾级而上。

第二层平面为正八角形，以壁柱每面分作 3 间，四正面当心间辟为龛门，左右两间设有格子假窗；其余四隅面，正中为直棂假窗，两侧为格子假窗。塔身之上出五铺作单抄下昂斗拱，承托檐瓦。

第三层平面为八角形，平座很大，下为莲座，原设有高栏。塔身骤然收小，各面仅一间。四个正面为方形拱门。南向正面为门，其余三正面设假门，四隅面隐作出斜纹格子假窗。

第四层平面为八角形，单层，塔身呈圆锥形，轮廓微凸。周身参差排列砖心泥塑的浮雕状壁塑，有佛像、菩萨像、虎、豹、狮、象、龙及莲瓣

广惠寺花塔平面图

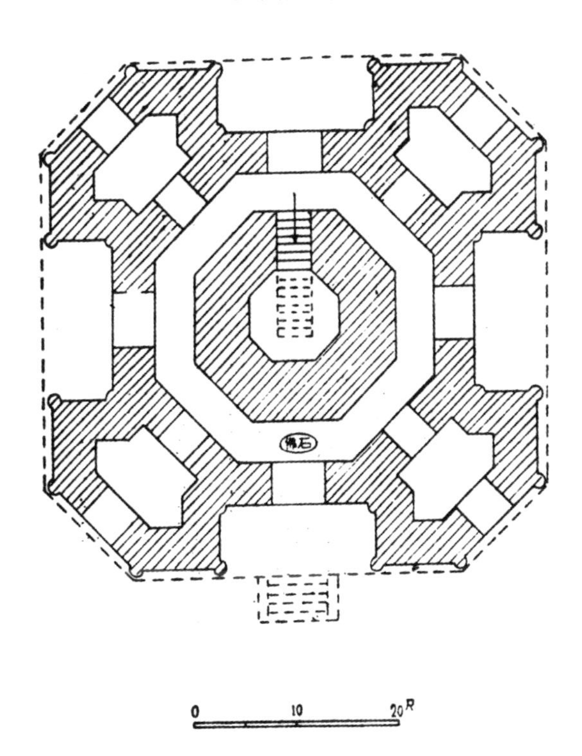

等，上下相错，原是彩绘，光彩夺目。

锥顶为华丽的砖仿木构斗拱支承八角形檐顶，外形恰如松盖。

其上为塔刹，砖砌内心，外塑泥土。现已残损，仅余刹杆。

广惠寺花塔构造奇异，大致可视为三层塔上冠以华丽相轮，玲珑别致，是古代砖塔中造型最为奇异、装饰最为华丽的塔，也是花塔的优美代表。

现存花塔，如北京市房山区的万佛堂花塔、河北曲阳县修德寺塔、河北井陉县显圣寺花塔、山西太原蒙山开化寺花塔，都是著名的花塔。

梁思成的描述

1933年，梁思成曾来调查，写下《正定古建筑调查纪略》。后在《中国建筑史》里描述如下：

在河北正定县城内，形制甚为特殊，为国内佛塔中一孤例。塔由一“主塔”，四隅附以四“子塔”联合而成。主塔高三层，平面八角形，四正面辟门，四隅面各附以六角形单层子塔。主塔及子塔壁面均砌出枋额门窗等。主塔三层出檐,除第三层平座外，均有斗拱；第三层之上为高大之圆锥体，表面塑出多数单层方塔及象头等。最上又出檐一层为塔顶。四子塔亦砌斗拱出檐，各自具一顶，就其壁面所砌出之枋额斗拱瓦檐论，此塔实为模仿木构形之砖塔,唯上段圆锥体则当别论。就塔之平面论,殆可视为“金刚宝座”塔之变型，盖将四隅塔与中央主塔合而为一者也。因其形制复杂特殊，俗呼为“花塔”。塔年代无可确考，志称唐建，金大定及明清屡次重修；揆之所仿木构形制，当为金代建。

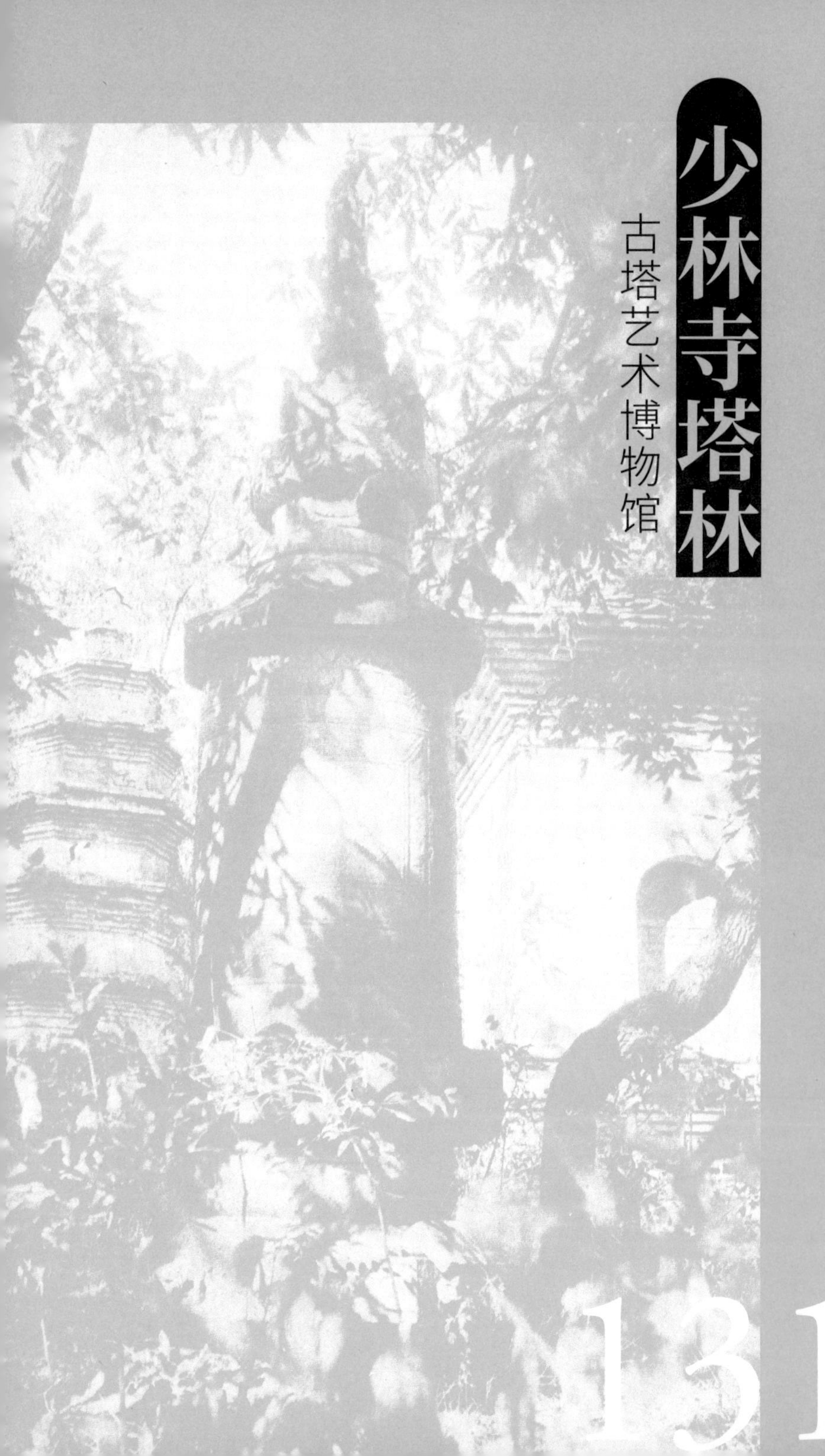

少林寺塔林

古塔艺术博物馆

少林寺塔林墓塔

塔林位于少林寺常住院西南约300米，是少林寺历代高僧的墓地。

少林寺塔林是我国现有数量最多的墓塔群，面积近2万平方米，现存有唐代以后各代砖石墓塔共243座，大多有石质或砖质塔铭，充分展示了不同时代古塔的建筑风格，是研究中国古代建筑、雕刻与书法艺术、宗教史的宝库，因而也是古塔艺术博物馆。

由于在历史上没有遭到严重的人为破坏，经过修整，整体基本保持古貌。

1996年，国务院将少林寺塔林列入第四批全国重点文物保护单位名单。

少林寺塔林概况

嵩山地区的古塔群，分布在中岳嵩山南麓各大寺院及其周围。从北魏孝明帝正光元年（520）开始建塔，经唐、五代、宋、金、元、明、清，历时近1 400年。

现存古塔数量多，样式广，规模大，历时长，艺术精，在全国首屈一指。

佛教传入中国后，建塔延伸到佛教徒的葬制上，因此，嵩山地区的古塔既有舍利塔、佛塔，也有僧塔，具有明显的时代特征和浓烈的地域色彩。宋代之后，嵩山地区古塔数量大增，造型各异，持续繁盛，为研究古代政治、经济、宗教、文化、美学、艺术等，提供了重要的实物例证。

塔林是今人称呼，古称“塔院”“祖茔”“古坟”“祖坟”等。塔林既是古塔博物馆，也是古塔模型陈列室。

除塔林外，少林寺院内及周围还散布着许多唐代以来的墓塔，如唐永昌元年（689）的法如塔、大历六年（771）的同光塔、五代后唐同光四年（926）的同光塔、元泰定元年（1324）的缘公塔，同样是非常珍贵的文物，具有很高的价值。

少林寺塔林墓塔的特点

第一个特点是持续时间长达千年，现存墓塔数量众多。

营建时间，跨越唐、五代、宋、金、元、明、清七朝，长达1 131年。

少林寺历代住持墓塔

少林寺古塔群中年代最早的墓塔，是法如禅师塔，位于少林寺东1千米处高台上，单层单檐式方形亭阁式砖塔，建于唐永昌元年（689），高6米余。塔下部有简单的基台，上为塔身，其南面辟有单券门，门券内嵌有石制门楣等。塔室方形，上部攒尖结顶。室内立有《法如禅师行状》碑铭一方，对早期禅宗史研究具有很高的认知价值。

少林寺古塔群中年代最晚的墓塔，是清嘉庆二十五年（1820）建造的“善公和尚寿塔”，方形三层叠涩砖塔，高4米。

元明两朝是少林寺历史最为重要时期之一，尤其是明朝万历年间，高僧辈出。这个时期也是少林寺的中兴时期，留存的墓塔及铭文，对于学术研究来说尤为珍贵。

第二个特点是样式纷呈。

唐代之前，佛塔多建在寺内，形成塔院格局。自唐以后，建塔位置逐渐变为寺院外、寺院后部。同时，寺院中师徒关系密切，出现弟子为先师建墓塔的风气。历代积累，渐成规模，高低错落，鳞次栉比，密如森林。

就质地分，多为砖塔，也有少量石塔；从构造看，有独石雕刻，有数石重叠，更多的是砖砌；依形制分，有多层式塔、单层单檐塔、单层双檐塔、单层三檐塔、单层四檐塔、单层五檐塔、单层七檐塔、经幢式塔、窣堵波塔、喇嘛塔，其中楼阁式塔和密檐式塔品类全、跨越时间长，占比80%左右；从塔身平面分，大多为正方形，也有少量六角形、八角形、长方形、圆柱形、圆锥形、瓶形、抛物线形；从高度看，最高达15米，低的只有1米左右。

第三个特点是艺术精湛。

少林寺塔林昂然耸立，形态各异，但其艺术价值并不仅限于造塔技艺，同时也体现在雕刻技艺和书法艺术上，构成综合研究我国古代砖石建筑与雕刻艺术的宝库。

塔林中绝大多数墓塔都有雕刻，特别是明代及明以前的塔，塔身门窗、基座束腰、塔刹、塔心室等部位的砖石雕刻非常精美。浮雕刀法，或粗犷或细腻，各具风采。

塔林中众多塔铭、塔额的书法，风格多样，行、草、隶、篆、楷各具特色，也是书法艺术的宝库。

少林寺历代住持墓塔铭拓本

中国历史上，墓塔的塔铭并无统一名称，有“墓志”“墓志铭”“碣”“碣铭”“塔记”“功德幢记”“石幢记”“幢铭”等各种名称。塔铭最早出现于南北朝时期。早期塔铭较为简略，如北魏神龟元年（518）《魏瑶光寺尼慈义墓志铭》、正光五年（524）的《孙辽浮图之铭记》，东魏元象元年（538）的《大魏比丘净智师圆寂塔铭》。塔铭，一般记述高僧的籍里族出、宗派传承、生平事迹、重大事件等内容，以叙议结合的方式记述事件，以形神并重的艺术手段来描写人物。

少林寺塔林的塔铭，内容丰富。塔的正面都有塔额，标识塔主名号，有的塔后还有塔铭，几位著名高僧塔边还树有碑石，详细记载塔主的生平事迹、嗣法传承，以及立塔人、立塔年代等。

少林寺塔林墓塔的塔额、塔铭中大量记述有关佛教史，特别是有关少林寺的变迁和重大事件、著名禅师生平，对其他文献有验证和补充作用，有珍贵价值。

第四个特点是体现对外交往。

塔林，也保存了对外关系史上的重要实物资料，传达中外文化交流融合的信息。

塔林东边的“菊庵长老灵塔”，建于元至元五年（1339），塔铭为时任少林首座的日本和尚邵元撰文并书丹，邵元在中国留学习禅达 21 年之久，其文辞和书法都有相当的造诣。1973 年 4 月，郭沫若游览时题诗一首：“邵元撰写照公塔，仿佛唐僧留印年。花落花开沤起灭，何缘哀痛着陈言？”

塔林西边，还有一座明嘉靖四十三年（1564）修造的“就公天竺和尚之塔”，反映了中印关系交往的历史。

萧光师塔与灵运禅师碑

萧光师塔，为单层单槽石塔，平面六边形，按照形制计算，塔原高约 450 厘米。因刹顶缺失，现高 397 厘米，由基台、塔身、塔顶三部分组成。

基态为石板岩，高 87 厘米，分四阶。

塔身高 179 厘米，每面宽约 80 厘来。南面辟拱券门，宽 85 厘米，券门以巨石雕成，高 107 厘米、宽 66 厘米、深 54 厘米。门楣中下部线刻莲花一朵。券门上方石壁雕造长方形的塔额，高 38 厘米、长 61 厘米，题刻“萧光师塔”四字。塔身其余三面，即东南面、西南面、西北面，阴刻单层小佛塔，内容为佛传故事，有佛像、罗汉、飞天及花鸟图案，线条纤细，形态优美。

从内部看，塔室长 63 厘米，六边形平面，高 189 厘米，顶部六角攒尖，石雕藻井莲花十二瓣。

从外部看，塔身以上为七层叠涩檐，叠出额仿式的高六角攒尖顶，顶上是须弥座式基座，石雕花纹，隐约可见覆钵，其上石刹已失，推知原有

《唐少林寺灵运禅师功德碑》拓本

刹柱、相轮、宝珠等。

萧光师塔的塔身及塔室内，均没有塔铭。不过，后世学者基本肯定，灵运禅师俗名萧光。也就是说，灵运禅师，就是萧光。

灵运禅师，姓萧，兰陵人，为梁武帝萧衍（464—549）后裔，虢州恒农县尉翥之子。早年有意皈依佛门，在少林寺出家。师从龙坞的元珪禅师（644—716）习禅，还精通医道。唐开元十七年（729）入寂，门人坚顺于天宝九载（750）起灵塔，记其功德以传后世，并作此塔铭。

《灵运禅师碑》，全称《唐少林寺灵运禅师功德碑》，碑额刻有“寺西石塔灵运师坟即梁帝皇嗣者也”三行大字。该碑原存于少林寺山门内甫道东墙边，通高155厘米，铭石高90厘米，宽51厘米。碑顶、碑身一石雕成，碑顶雕四盘龙。

碑铭由崔琪撰文，门人坚顺营建，立于唐天宝九载（750）四月十五日，行书。铭文共20行，满行36字。唐代行书刻石，为数不多。灵运禅师碑，书丹人或集字者，没有在碑铭上留下姓名，史料中也未见记载。不过，书法水平非常高，用笔、结体与整体风格，酷似《怀仁集王羲之书圣教序》，但又更为厚重、浑朴，是继承王羲之书体，但又有发展的佳作。

释文如下：

唐少林寺灵运禅师塔碑

宣德郎试大理评事崔琪撰

圣善寺沙门勤□书

虚空广大乎其体，智慧圆通乎其用，凝而不生，湛尔常寂。离修离证，非色非心，历微尘劫，遍恒沙界。无量国土皆清净，无量昏暗皆光明。谁其得之？吾闻诸上人矣。上人讳灵运，萧姓，兰陵人，梁武帝后。皇考翥，虢州恒农县尉。

初上人之生也，戒珠孕于母胎，定水澄于孩性。内典宿植，外学生知；白云凝其高志，明水峻其苦节，泛如也。时不能知，常以为幻境非实，泡身是妄，五色令人昏，五音令人聋，五味令人爽。噫！轮彼生不灭，无时息焉，吾将归根，以复于正。因游嵩山，至少林寺，有始终之意焉。会舅氏掾于高平，而上人遂缁于此郡。玉立凡石，不可喻其炯然；日映众星，无以方其明者。竟移隶兹寺，□副乎夙心。无何，习禅诀于庞坞大师。潜契密得，以真贯理，照十方于自空，脱三界于彼著。慧眼既净，色身亦如，始知夫心外无法，所得者皆梦幻耳。然后观大地土木，无非佛刹焉。空山苍然，穷岁默坐，猿对茶碗，鸟栖禅庵。彼岭云无心，即我心矣；彼涧水无性，即我性矣。夫如是，孰能以凡圣量之乎？故吾在造化中，如梦中也。粤开元十有七祀夏五月廿二日，不示以疾，泊然而终。苦雾晦黄于天地，悲风哀咽于草木。吁！崩吾禅山，涸吾法海，空吾世界，使凡百含识，大千有情，荼于是，火于是，可胜言哉！故门人坚顺独建灵塔于兹山，奉遗教也。夫硕德丕发，不有超世先觉而出夫等夷者，则曷能传我法印，以一灯燃千万灯乎？彼上人者，嶷然倬立，以定慧为藏，以涅槃为山，圆通于不注之境，出没于无涯之域。适来时也，适去顺也。今则终矣，瞻仰如之何？夫事往则迹移，岁迁则物换，况法与化永，念从心积，岂可使上人之高，殁而不纪其事？斫于石，以旌斯文。铭曰：

上人伊何，传我法印。其体也寂，其行也顺。纷彼识浪，汩夫梦情。非照不曙，非澄不清。作大医王，为大禅伯。岳立松古，莲青月白。一朝化灭，六合凄怆。世界飒空，云山忽旷。色身谢兮法体存，金界惨兮铁围昏。噫！我所留者唯心源。

天宝九载四月十五日门人坚顺建

萧光师塔与灵运禅师碑，由于在历史上没有遭到严重的人为破坏，经过修整，与百年前的照片对比，整体基本保持原貌。

同光禅师塔

同光禅师塔，建于唐大历六年（771）。建塔者为“造塔博士宋玉”。这里的“博士”，是当时对民间某行业能工巧匠的尊称。宋玉建造的同光禅师塔，在建筑工艺和石刻技法方面，都是少林寺塔林中最好的一座。

同光禅师塔，为方形亭阁式砖塔，平面为正方形，单层单檐。总高 9.93 米，由基座、塔身和塔顶三部分组成，塔体由磨制整齐的青灰条砖砌筑而成，砖与砖间用黄泥浆粘合。

基座为双层须弥座，高 109 厘米。下边长 436 厘米，高 22 厘米。自下而上为：子枋、下层束腰，中枋、其上又有两层子枋、上层束腰。下层束腰有 7 个壶门装饰，上层束腰则有 9 个壶门装饰。著名古建筑专家刘敦桢在《河南省北部古建筑调查记》中对同光禅师塔基座构造评论道：“基座结构，在唐代宗大历六年建造的同光禅师塔，已雕有壶门式装饰，乃国内砖塔中最重要的证物。”

座上为塔身，高 325 厘米，下宽 254 厘米，无明显收分。南面辟半圆形券门，单券无栿，门高 187 厘米、宽 122 厘米。券内为石雕门楣、门额等，均饰精美线刻图。经 98 厘米的甬道，到达塔心室。塔心室为方形，下边长 126 厘米，高 279 厘米，顶部叠涩内收。

塔南壁有半圆形拱券石门，门内为方形塔心室，空心，可入室内。门框、门槛、立颊、地袱、门砧等上均刻有精美的石刻线画。其中最为精美的是半圆形的石门相上刻的“西方净土变”舞乐图，铁笔线描勾勒，画面呈半圆形，底边宽 118 厘米，高 56 厘米。布局严谨，形象生动，刻工精巧。其余线刻，如美音鸟与凤凰图、武士门狮图、缠枝牡丹图、狮豹相斗图等，线条流畅，构图精巧，气魄雄浑，风格华丽，技艺高超。同光塔石门线刻画，是少林寺线刻画中年代最早的一组。

塔顶高 559 厘米，由叠涩檐和塔刹组成。其中，两枋之上为单砖砌叠涩檐，最宽处 534 厘米。

塔刹为青石雕，高 205 厘米，由覆钵、相轮、露盘、受花、宝珠构成，造型古朴，通体浮雕飞天云气、花鸟等图案，雕刻玲珑。

1947 年，梁思成赴美国耶鲁大学讲学，在用幻灯片为美国学者讲授中国建筑史时，首次使用了“单层塔”（One-storied Pagoda）这一塔式建筑类型概念，并在相关建筑图例中，列举到了同光禅师塔。他在《图像中国建筑史》一书中指出：“单层塔都是僧人的墓塔。它们规模不大，看起来更像神龛而不像通常所说的塔。在云冈石窟浮雕中，这种塔的形象甚多。其特征是一方形小屋，一面有拱门，上面是一或两层屋檐，再上覆以刹。……山东长清县灵崖寺崇惠禅师塔（约唐贞观年间）和建于唐大历六年（771）的河南嵩山少林寺同光禅师塔，是这类单层墓塔的典型实例。”

塔身北面嵌《唐少林寺同光禅师塔铭》，距离地面 91 厘米。塔铭高 48 厘米、宽 104 厘米，38 行，满行 17 字。

塔铭由同光禅师的俗家弟子登封县令郭湜撰文。根据铭文可知，同光禅师早年出家，以律义为修行之本，追求禅寂的根本，师从禅祖大照。大

《唐少林寺同光禅师塔铭》拓本

照入寂后，同光禅师开法二十余年，有三十余门人。唐大历五年（770）于少林寺入寂。次年辛亥岁，门人等在少林寺东北六十余步处为其建塔庙，并附上了此塔铭。同光禅师的师父禅祖大照，是神秀的法嗣普寂。

塔铭释文如下：

唐少林寺同光禅师塔铭

登封县令郭湜撰

尝闻示见有缘，缘随生灭，色空无性，性尽真如。契之者即为导师，了之者如登正觉。契了之义，其在我禅师欤？

禅师法讳同光，晋人也。道心天纵，法性生知。甫及幼童，已悟无为之理；才过弱冠，便归不二之门。早岁出家，旋进具戒。以修行之本，莫大于律仪；究竟之心，须终于禅寂。禅律之道，其在斯乎？及持钵东山，归心禅祖大照，屡蒙授记，许为人师。及大照迁神，敬终恒礼，乃遁迹林野，敢为人先。虽情发于里，而声闻于外，辞不获已，乃演大法义，开大法门。二十余年，振动中外，从师授业，不可胜言。三十余禅僧，尽了心地，随身化度，不离几杖。或往来嵩少，栖息荆蛮，用大自在之深心，开悟知见；行不思议之密行，拯拔昏迷。不可得而名言也。则知法轮常转，经行岂指于一方？佛法现前，宁劳坐于十劫。

呜呼，禅师！呜呼，禅师！既随缘而生，亦随缘而灭。春秋七十有一，僧腊四十有五。以大历五年六月二十七日于少林寺禅院结跏趺坐，怡然即瞑瞑，弟子等心传衣钵，德了义于无生，泪尽泥滹，示现荐之有相。乃于寺东北六十余步，列莳松榎，建兹塔庙。苍烟云以永终古。

湜在俗弟子也。叨承顾眄之余，未尽平生之志，多惭翰墨，有愧荒芜。乃为铭曰：

世尊灭度后，得道转法轮。于今无量劫，不知凡几人。禅师自河汾，杖锡来问道。禅师为授记，可以继僧宝。三身与三业，如电亦如露。生灭既有缘，轮回自无数。惟有成道者，能入诸禅定。外现泡幻身，内示真如性。一切漏已尽，无复诸烦恼。过去与未来，皆共成佛道。太室西兮少室东，风雨交兮天地中。禅师一去不复返，长夜冥冥空是空。

大历六年岁次辛亥六月廿七日壬午建

造塔弟子寺主僧惟济，上座昙则，传法弟子道真、坚照、真观、宝藏、法琳、智信、承恩、忠顺、超岸、深信等

□州金明府□别屈集正镌

造塔博士宋玉

同光禅师塔及塔铭，由于在历史上没有遭到严重的人为破坏，经过修整，与百年前的照片对比，整体基本保持原貌。

法玩禅师塔

法玩禅师塔位于塔林北端，古人尊北为上，地位最高。

法玩禅师塔建于唐贞元七年（791），是少林寺塔林中最古老的一座砖塔，可能是少林寺塔林的首葬塔，为方形亭阁式砖塔。四角方形，单层单檐，总高 7.5 米。塔门、塔刹和塔铭用青石雕成，塔身用水磨砖砌造而成。全塔造型优美，塔门高浮雕精湛，塔刹精美，是唐代雕刻艺术的代表。

法玩禅师塔

塔身前有雕凿的拱形石门，门框外饰卷花纹样，两扇对开门板，上有石锁。左右两侧门板上六排五列石铆钉，门额上浮雕有飞翔神鸟，两侧有护法力士，是一件精美的石雕精品。

塔身之上的单檐式叠檐，共十一级，向上依次拓展，仰天升斗状。塔刹由飞天、莲花、轮座、宝珠构成。

法玩禅师，俗姓张，东都洛阳敬爱寺高僧，早年师从大照大师学道。大照大师，就是神秀的法嗣普照。法玩禅师精通三学，在嵩高、洛邑施其化益，门人颇多，主张戒、定、慧三学并举，倡导参禅悟道就要救护众生，经常参与堵筑河堤、赈灾救灾等慈善活动，在僧众中声誉极高。圆寂后归

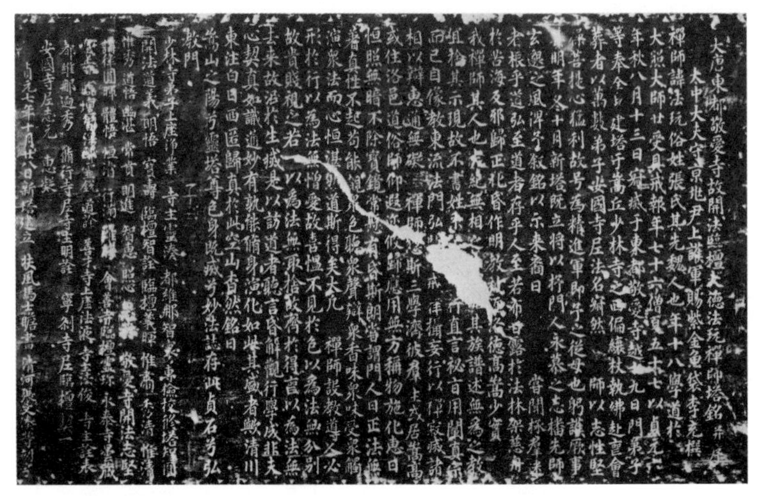

《大唐东都敬爱寺故开法临坛大德法玩禅师塔铭》拓本

葬少林寺塔林时，送葬僧众逾万人。

塔身后有楷书塔铭，李充撰文，35行，满行22字，记载了法玩禅师生平，并记载监护此塔的是其弟子安国寺尼寂然。

塔铭释文如下：

大唐东都敬爱寺故开法临坛大德法玩禅师塔铭并序

太中大夫守京兆尹上护军赐紫金鱼袋李充撰

禅师讳法玩，俗姓张氏。其先魏人也。年十八学道于□□大照大师，廿受具戒，报年七十六，僧夏五十七，以贞元六年秋八月十三日寂灭于东都敬爱寺，越十九日，门弟子等奉金身建塔于嵩丘少林寺之西偏。縗杖执绋，赴襄会葬以万数。弟子安国寺尼法名寂然。

师以志性坚操，菩提心猛利，故号为精进军，即予之从母也。躬护厥事。其明年冬十月，新塔既立，将以抒门人永慕之志，播先师玄邈之风，俾予叙铭，以示来裔，曰：

尝闻拯群迷者根乎道，弘至道者存乎人。至若布甘露于法林，架慈舟于苦海，反邪归正，化昏作明，教被瀍洛，德高嵩少，实我禅师其人也。夫纪无相之士，宜略其族谱，述无为之教，宜舍其示现，故不书姓系，不□□行，直言秘旨，用阐真宗而已。自像教东流，法门弘开，以戒律摄妄行，以禅寂灭诸相，以辩惠通无碍。

禅师聪斯三学，济彼众生，或居嵩高，或住洛邑，道俗师仰，遐迩攸归，应用无方，称物施化，惠日恒照，无暗不除，宝镜常悬，有昏斯朗。尝谓门人曰："正法无著，真性不起，苟能睹众色，听众声，辨众香，味众味，受众触，演众法，而心恒湛然，道斯得矣。"大凡禅师设教导人，必形于行。以为法无憎爱，故喜愠不见于色；以为法无分别，故贵贱视之若一；以为法无取舍，故齐于得襄；以为法无去来，故泯于生灭。是以访道者听言昏解，观行学成，非夫心契真如，识通妙有，孰能修身演化如此其盛者欤。清川东注，白日西匿，归真于此，空山杳然。铭曰：

嵩山之阳兮，灵塔尊。色身既灭兮，妙法志。存此贞石兮，弘教门。

少林寺弟子上座净业、寺主灵凑、都维那智寰、专检校修塔智圆、开法道义明悟、宝寿、临坛智诠、临坛义晖、惟肃、秀清、惟清、惟秀、道悟、幽湛、常贲、明进、智惠、照心、志恭

敬爱寺开法、志坚、讲律圆晖、体悟、恒浚、行满、难胜

会善寺临坛虚珍

永泰寺昙藏、□□临坛□智深□灵锐、道诠

善才寺上座法液、寺主法俊、寺主诠表、都维那迥秀

修行寺尼寺主明诠

宁刹寺尼临坛、契一

安国寺尼志元、惠凝

贞元七年十月廿八日新塔建立

扶风马士瞻书

清河张文凑等刻字

东都敬爱寺法玩禅师塔及塔铭，由于在历史上没有遭到严重的人为破坏，经过修整，与百年前的照片对比，整体基本保持原貌。

少林寺历代住持墓塔铭拓本

虎丘塔

江南最早的仿木楼阁式砖塔

149

虎丘云岩寺

虎丘山风景名胜区位于苏州古城西北角，以其云岩寺塔、剑池和千人石等自然人文景观，获得“吴中第一名胜”“吴中第一山”美誉，现为国家 AAAAA 级旅游景区。

虎丘山，原名海涌山，海拔 34.3 米。关于其得名，有两种说法：

一是《史记》记载，吴王阖闾葬于此，传说葬后三日有“白虎蹲其上”，故名虎丘。

二是“丘如蹲虎”，以形为名。

云岩寺塔的千年沧桑

云岩寺，历史上历经浩劫，曾经有虎阜寺、武邱寺、东山寺、武丘报恩寺等称，俗称虎丘寺。

东晋咸和二年（327），司徒王珣与其弟王珉，各自舍宅为寺，建于剑池山下东西两处。

虎丘在六朝时期就曾建有佛塔，后来废毁。

刘宋时期（420—479），高僧竺道生曾住此寺对着石头讲《涅槃经》，留下“生公说法，顽石点头”的故事。

隋文帝时期，再建舍利塔。

唐时为避李虎（唐高祖李渊祖父）之讳，改名为“武丘报恩寺”。会昌灭佛，寺塔无存，重建时迁移寺址，两寺合一，形成依山而筑、深山藏古寺、建筑与山体浑然天成的格局。此种格局，山门建在山前，山寺合一，为名山古刹中的特例。

五代吴越国钱氏重修虎丘寺，增建虎丘塔。现存八角七级砖塔，为后周显德六年（959）至北宋建隆二年（961）所建。

北宋也有重修，改寺名为“云岩禅寺”。

元代晚期，修葺云岩寺，维修砖塔，现存两座山门为当时遗迹，其结构承袭宋代建筑特色。

明代，洪武二十七年（1394）、宣德八年（1433）和崇祯二年（1629）曾三罹大火，均得以重修。崇祯十一年（1638 年），苏州云岩寺塔第七层被拆除重建，为纠正偏斜，改变重心，第七层位置略移动到倾斜的反方向，

云岩寺塔和幢塔

因此与其他六层外观不同。

清代康熙至乾隆时期,云岩寺达到极盛时期。康熙年间更名为“虎阜禅寺”。康熙和乾隆帝多次巡游,留有吟诗和题额。咸丰十年(1860),云岩寺又遭兵燹焚毁,仅余云岩寺塔、二山门、二仙亭和石幢等。同治年间和民国前期,有过修建。

日本学者关野贞在20世纪初看到:“大砖塔八角七层,各层变小的幅度很大,轮廓颇为刚健。各层各面均开有华头窗,以出二跳斗拱支撑房檐,房檐由砖堆砌而成。另外,上面也用出二跳斗拱支撑着回椽纹样的部分,现在已经完全没有了扶栏。当初是在砖筑之上涂以漆灰,现在大半已经剥落,仅存其形迹。”

1957年,云岩寺得到修复。修复过程中,于一二层隔层间发现一石函,内有经匣,有“辛酉岁建隆二年十二月丙午入宝塔”字样,证实了建塔的确切年代。

1961年,苏州云岩寺塔列入第一批全国重点文物保护单位名单。

1981年,全面修复。

与百年前的照片相比,虎丘塔经过修葺,基本保持旧照样貌。

虎丘塔形制

云岩寺塔俗称“虎丘塔”,规模宏大,结构精巧,是江南现存的年代最早的一座佛塔,也是苏州古城的标志性建筑与古老苏州的象征。

虎丘塔为八角仿木结构楼阁式砖身木檐七层砖塔,现残高47.5米,总高度约为第1层直径的3.5倍,轮廓微呈弧形。

塔身由外壁、退廊、塔心三部分组成。塔身、平座等为砖砌,外檐为砖木混合结构。木檐和塔顶铁刹已经毁坏,现存砖砌部分。

砖砌建筑结构比例适度,塔身向上逐层缩小,但各层高度并不是有规则递减,第6层比第5层高20厘米。轮廓有微鼓曲线,各层均施以腰檐平座。

虎丘塔和陀罗尼幢

虎丘塔细部

塔身外部，各层转角处砌有圆倚柱，每面又以塔柱划分为三间，中为塔门，左右两间是砖砌直棂窗。柱顶搭横额，上有斗拱，承托腰檐与平座栏杆。斗拱与塔檐做法，符合《营造法式》。外壁从塔门至回廊有一走道，廊内是八角形塔心。各层顶部有砖块挑叠砌成的长方形、方形、八角形藻井，非常精美。

塔身内部为套筒式回廊结构，四面开有壶门，木梯设在两层套筒之间的回廊里，为浮搁活动梯，样式属于唐、宋建筑手法的过渡时期。

每层壁画为彩色芍药、湖石等图案，色泽鲜艳，技法带有典型的宋画特征。塔身内壁外圈中段，也有罕见的束花装饰。

虎丘塔是一座斜塔，自重达到6 000吨左右，向北东方向倾斜。2010年，经测量发现倾斜比较严重，塔顶偏离中心2.34米，塔体中心线偏离铅垂线的角度为3度59分。原因主要是地基不均衡沉降。塔建于南高北低的斜坡上，填土厚薄不同，受压后收缩程度不同。

文献记载，虎丘塔在明崇祯十一年（1638）改建第7层时，已经作过纠正，但效果不明显。目前经修整后，塔的倾斜度没有明显加剧。

虎丘塔与杭州西湖的雷峰塔属于同一建筑类型，为唐末、五代江南仿木楼阁式多层砖石塔的典型代表，经历千年风霜，屹立至今。

唐伯虎在虎丘的故事

每逢新年，苏州的文人有到虎丘山饮酒作诗的习俗。

那天是个好天气，苏州知府带了一帮文人到了虎丘，只见走来一个乞丐。

知府大人看到他后很不耐烦，冲着这乞丐嚷道：“一边去，一边去。”

这乞丐怯生生地说：“大人给碗酒喝吧。”

几个人都笑了，“花子也想喝酒？”

其中一个人说：“你说你想喝酒，凭什么呢？你知道，天下是没有免费的午餐的哦！”

这乞丐嬉皮笑脸地说：“大人们能作诗，我花子也能作诗。”

“你也能作诗？”知府哈哈大笑起来。

“大人，不妨我们打个赌，如果我能作上诗来，你们这壶酒就别喝了，归我花子，如何？”

知府大人产生了兴趣，他一口答应，“好！但若是你作不出来怎么办？”

“作不出来，任凭大人处置。”

“好！作不出就打屁股！”

知府大人立刻叫人把纸笔拿到了乞丐面前，乞丐在纸上写了两个字“一上”。

这两个字，知府认得，还念出声来，然后乞丐装作有困难的样子，抓耳挠腮，作冥思状。

知府嘿嘿一笑，“你这个叫花子不自量力，还想作诗骗酒喝？”

生公讲台和点头石

乞丐又拿起笔写下两个字“一上”。

“怎么又是一个‘一上’？花子，我看你还是认输吧，现在退出，本知府还免你皮肉之苦。”

虎丘剑池

“别急，知府大人。”乞丐又在纸上写下三个字“又一上”。

“你这是什么顺口溜不成？怎么就一个劲‘上’？不过倒是字数对了。”

乞丐又装成一副穷途末路的窘相，紧紧皱着眉头，然后又在纸上写下两个字“一上”。

知府笑了起来：“行了，花子，你以为诗是随便什么人都能作的吗？趁早别耽误本知府的宝贵时间了。”

乞丐不再理他，低下头，唰唰唰在纸上一气呵成地写下了一首七言诗：

“一上一上又一上，一上直到高山上；

举头红日白云低，四海五湖皆一望。”

“好诗，好诗！”其中一个大概懂点诗的，禁不住赞叹起来。

知府问道：“请问阁下尊姓大名？”“唐寅，字伯虎。”

唐伯虎也不再多说，自己拿起酒壶，一边喝一边下山去了。

应县木塔

现存最早最大的木塔

157

应县木塔

应县木塔，位于山西应县城内西北，本名为佛宫寺释迦塔。辽清宁二年（1056），田和尚奉敕募建，是中国现存最古老最高大的古代木构建筑，也是仅存的一座木塔，为全国第一批重点文物保护单位，国家 AAAA 级景区。应县木塔使用不同规格的斗拱 54 种，结构精密，与意大利比萨斜塔、法国巴黎埃菲尔铁塔并称“世界三大奇塔”。

应县木塔的千年沧桑

木塔是早期佛塔的常见形式，佛教传入中国后建立的第一座塔为洛阳白马寺塔，就是木构。此后，北魏时期建成的洛阳永宁寺塔也是木构。

隋唐以后，制砖技术成熟，产量不断提高，而且砖塔具有不易朽坏、能抗雷火等特点，用砖代替木材建塔，就逐渐成为趋势。不过，木材依然是后世常用的造塔材料，沿袭至今。隋唐时代的木塔，均已不存。因此，应县木塔是世间现存最古最大的木塔。

辽代统治者为了维护自己利益，在河北、山西一带掳掠了几万民工，大兴土木，建筑佛塔和寺庙。在此背景下，由辽兴宗的萧皇后倡建，田和尚奉敕募建，于辽清宁二年（1056）建成应县木塔，金明昌六年（1195）增修完毕，新增了塔内方柱、平座内斜撑。塔内供奉着两颗释迦牟尼佛牙舍利。寺院为家庙，可礼佛观光和登高料敌。寺院位于当时的县城中部，称为“宝宫禅寺”，规模约有 40 公顷，后世因县城格局变化，寺院处于今县城西北。到明清时期，寺院规模缩小。

辽金时期，寺院是“先塔后殿”布局，即以塔为主，塔处于寺院前部中央位置，大殿在后。

元延祐二年（1315），改名为佛宫寺。元延祐七年（1320）、明正德三年（1508），曾有大规模修缮；正德十二年（1517）重塑佛像。

清代，有两次大规模重修。

1928—1929 年，经历战争，多处遭枪击炮轰，起火后很快熄灭，后有修整，至今可见弹痕。

1933 年，木塔各层的夹泥墙换成了木隔扇。

1948 年，又被炮弹击中。

1950 年，著名建筑学家莫宗江写下《雁北文物勘查团报告》：“自夹泥墙被拆除改成格扇门以来，仅仅经过十四五年，塔身已可以看出歪向东北。在第二层内的各柱向东北倾斜最甚，上部的重心已经离开了正中，各柱头的榫口大多已经松脱，或已因倾斜扭转而劈裂，如果听任这种情况继续恶化下去，将更难修理，甚至可能突然坍毁。”

1961 年，被公布列入第一批全国重点文物保护单位名单。

1974—1981 年，维修加固，加设斜撑、楼板加强、梁柱加箍、外槽木构件油饰等。1974 年在整修塔内塑像时发现了一批辽代珍贵文物，如佛牙舍利、采药图和经卷（包括手抄本与辽代早期刻印本），以及木板套色绢质佛像画等。

1991 年，应县木塔维修工程正式立项，对木塔塔院及周围地质状况进行详尽勘察。但因为存在争议，始终没有大规模维修。

1999—2000 年，发现劈裂、折断、缺损等残损点 300 余处。

2004 年，发现塔体已扭曲变形，荷载失衡，出现严重的倾斜压缩，塔身整体向东北倾斜 65 厘米等险情。

2007 年起，经过十余年监测发现，近年来二层明层倾斜明显增加。

2012 年，被列入世界文化遗产预备名录。

2013 年 9 月 29 日，国家文物局组织吴良镛、谢辰生、葛修润、江欢成等 31 位相关领域的院士和著名专家学者进行专题讨论，原则同意《释迦塔严重倾斜部位及严重残损构件加固方案》。

2014 年，严重倾斜部位及严重残损构件加固工程启动，但因效果不明确而中途停止。

2016 年，吉尼斯世界纪录认定为世界最高的木塔，评语为：“最高的木塔：山西应县佛宫寺释迦塔，建造于辽清宁二年，是古代应州城的标志性建筑，是现存最高的全木结构高层塔式建筑，堪称木构建筑的奇迹。”

2019 年，实施《朔州市应县佛宫寺释迦塔保护条例》。

2020 年，中国文化遗产研究院应县木塔工作站正式挂牌运行。

2021年，朔州市制定《关于深化应县木塔保护合作协议建设木结构古建筑博物馆和构建1：1研究性木塔建设的工作方案》。

应县木塔的形制

建于应县佛宫寺的山门之内、大殿之前的中轴线上，为纯木结构楼阁式塔，2011年4月中国文化遗产研究院实测为高65.84米，底层直径30.27米，平面呈八角形。全塔耗红松木料3 000立方米，重2 600多吨。建筑宏伟，艺术精巧，整体比例适当，外形稳重庄严。全塔上下除砖石塔基、屋面瓦作、一层墙体和砖砌铁制塔刹外，均由木构件搭建，塔内没用一根铁钉。

台基两层。第一层为方形，第二层为八角形。底层四个方向都有月台，南面有台阶。第二层只在东、西、南三面设月台，有台阶。

木构塔身，外观5层6檐，底层为双檐。内部一至四层，每层又夹设暗层，实为9层。每层檐下，都装有风铃。

塔身南面牌匾上“释迦塔”三个大字旁边有“大辽清宁二年特建宝塔，大金明昌六年增修益完”字样，为明弘治三年（1490）知州薛敬之所书。

木塔底层面阔30.27米，在古塔中是最大的。南面辟门，塔内明层原有塑像均已毁坏，唯有底层11米高的释迦牟尼坐像保存完好，有辽代风格。佛像上方藻井，精美华丽。除此之外，内槽有六幅如来佛像壁画，门洞两侧有金刚、天王等壁画，门额壁板上还有三幅女性供养人的壁画。

各层均用内外两圈木柱支撑，每层外有24根，内有8根。木柱之间，有许多斜撑、梁、枋和短柱，组成不同方向的复梁式木架。塔身逐层立柱，用梁、枋和斗拱向上垒架，联为一个整体。

二层以上，塔外均设平座与栏杆，可以循栏眺望。各层装有木质楼梯，可直通顶层。

塔顶高14米，为八角攒尖式，上有铁刹。

1902年，日本学者伊东忠太博士造访佛宫寺，对木造塔称奇不已，后在调查报告中称：“塔为八角五重，下层有裳层，裳层柱一面长四十一

应县木塔平面图

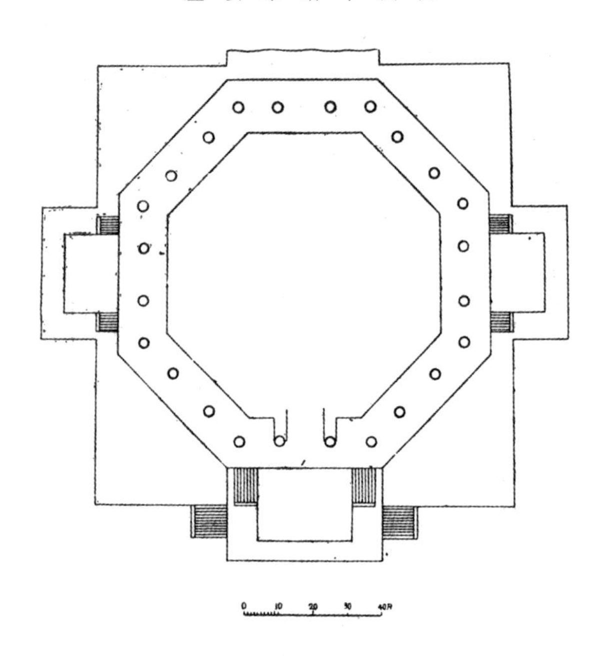

尺三寸。与侧柱、中柱俱以砖裹，此外悉为木造。每层一面三间，有侧柱与中柱。二层以上有勾栏，其形式大要似日本古代之物。斗拱之制甚为自由，每层皆异。而裳层斗拱与大华严寺海会殿及善化寺大雄宝殿于结构上一致，可见其年代相去不远。初层斗拱有重昂，第二层七铺作双抄双下昂，第三层六铺作双抄无昂，第四、第五层五铺作单抄单下昂。各层勾栏下有斗拱，皆为六铺作双抄双下昂，其手法不一。斗拱如此形制多变，可见其意趣之丰富。相轮自露盘之下至顶部约有四十尺。首先屋上有露盘，其上有双重仰莲，皆砖造。仰莲以上为铁制，最下为莲座，其上呈球状，球上有五轮，上部有盖，盖上有半圆形火焰状装饰四枚，其上为新月形火焰状装饰，又其上有二重宝珠，再上部为八叶盖，其上有宝珠，上部再覆以盖，盖上有仰莲，仰莲上为最后之宝珠。”

应县木塔经历千年风霜、战火、地震而屹立不倒的原因，大致如下。

一是基土由黏土及砂类等组成，承载力大。

二是运用了 54 种斗拱，因此是中国古建筑中使用斗拱种类最多、造型设计最精妙的建筑，堪称一座斗拱博物馆。这些斗拱具备不同的形态与功能，但都有效地起到承重与抗风抗震的作用。

三是双层套桶式构造，两个八角形内外相套，提升了抗倒伏性能。

四是平座结构内部为坚固的结构层，后世加固工程又增加弦向和经向斜撑，组成了坚固的框架构层。刚柔相济，力学性能较好。

五是塔上有很多麻燕，当地群众认为这些麻燕能吃木塔上的蛀虫，也起到了保护作用。

为解决倾斜问题，专家提出钢架支撑、上部抬升、现状加固、落架大修等方案，但没有实质性开展。

名家笔下的应县木塔

1933 年 9 月，中国营造学社的梁思成、刘敦桢、林徽因、莫宗江、纪玉堂来到梦寐以求的木塔。梁思成感叹道：“今天正式去拜见佛宫寺塔，绝对的 overwhelming（势不可挡），好到令人叫绝，喘不出一口气来半天！这塔真是个独一无二的伟大作品。不见此塔，不知木构的可能性到了什么程度。我佩服极了！佩服建造这塔的时代，和那时代里不知名的大建筑师，不知名的匠人。”

梁思成和莫宗江用了整整 6 天时间测量，梁思成还差点因为雷电从 60 多米高的空中摔下，这是他在所有考察中最惊险的一次经历。

1942—1944 年，梁思成在极其艰难困苦的条件下，完成了《中国建筑史》的写作，内容包括应县木塔：“佛宫寺释迦木塔在山西应县城内，塔立于寺山门之内。大殿之前，中线之上，为全寺中心建筑。辽清宁二年（宋嘉祐元年，1056）建，为国内现存最古木塔，塔平面八角形，高五层，全部木构，下为阶基，上立铁刹，全高约六十七米，塔身构架，以内外两周柱为主，其第一层于塔身之外，更加周匝副阶，形成第一层重檐之制。以上四层均下为平坐，上出檐，层层相叠。最上层檐合为八角攒尖顶，其上立铁刹。……塔顶刹以砖砌仰莲两层为坐，上又为铁仰莲一层，以承覆钵、相轮、宝盖、圆光等部分，各层佛像均为辽代原塑，颇精美。”

罗哲文《中国古塔》:“是我国现存唯一的纯木构大塔。……到唐宋时期也还有许多木塔,但现在都已经不存在了。应县木塔可以说是硕果仅存。尤其是它的体量如此高大、结构如此精巧，保存至今已九百多年，不仅为我国现存木构建筑之最，也是世界古代木构建筑之最高者。”

常青《中国古塔的艺术历程》:“山西应县佛宫寺释迦塔，是辽国楼阁式塔的代表作，全部用木构建成，也是中国现存年代最早的一座纯木构大佛塔。……是非常典型的辽宋时代木构建筑。”

开封铁塔

最早最大的琉璃塔

165

开封铁塔

开封地区，有两座著名的古塔，一座是繁塔，另一座就是位于开封市区东北隅的祐国寺塔（开封铁塔）。1961 年，开封祐国寺塔列入第一批全国重点文物保护单位名单。

祐国寺

祐国寺于后晋的天福年间（937—944）建于明德坊，被称为等觉禅院（又名禅林）。

北宋初年乾德年间(963—967)迁到明德坊，也就是如今所在的地方。北宋开宝年间（968—976）以开宝年号命名，称“开宝寺”。规模宏伟，殿堂林立，设有二十四禅院，共二百八十区，并设立礼部贡院，在此考选全国的举子。北宋历代的皇帝常来此游幸，名声显赫，一度是中原名刹之一。

清道光二十一年（1841），黄河泛滥，水灌开封，寺院尽毁，唯有铁塔独存于世。

开封铁塔的前生

宋初，吴越王纳土归宋，奉献了一座释迦牟尼舍利七宝塔，在开宝寺福胜院供养。宋太宗命宋代巨匠喻皓主持设计建造木塔，北宋太平兴国七年（982）动工，历时 8 年，于端拱二年（989）建成。平面呈八角形，共十三层，高“三百六十尺”，当时为汴梁最高佛塔。清代周城所著《宋东京考》称:“其土木之宏壮，金碧之炳耀。自佛法传入中国，未之有也。”

1013 年，宋真宗赐名“灵感塔”。

灵感塔设计精密，独具匠心。在设计建造之初，考虑到此处经常刮西北风，故意有倾斜，有意借助风力使塔逐渐正直稳固。欧阳修《归田录》有“塔初成，望之不正，而势倾西北。人怪而问之，皓曰:‘京师地平无山，而多西北风，吹之不百年，当正也’”的记载。

可惜的是，庆历四年（1044），木塔毁于雷火。

开封铁塔的千年历史

皇祐元年（1049），宋仁宗决定重新修建。塔址从福胜院改到“都城形胜之所”的上方院（后改为上方寺）夷山之上，材料从木料改为防火的砖块和琉璃面砖，这是第一次把用于建造宫殿的琉璃砖构件用于佛塔建造。形制仍为八角十三层，高度也仍为三百六十尺，塔名依然是“灵感塔”。历时近30年建成，落成时间为宋神宗熙宁年间（1068—1077）。

明代，重修开宝寺，改名为祐国寺，灵感塔也因此被称为祐国寺塔。由于塔上外壁为褐色琉璃砖，近似铁色，故俗称铁塔。

明代洪武二十八年（1395）和嘉靖三十年（1551）两次大规模维修，总体保持北宋样式。

清道光二十一年（1841），寺院毁于黄河泛滥，唯有铁塔孑然存世。

1938年遭侵华日军炮击，塔身第四至十三层严重损毁。

经大规模维修，现恢复铁塔原貌，保存完好。

开封城地势低洼，宋代以后遭受多次洪水袭击，当年的其他建筑，已经深藏在地下5米深处，铁塔是宋代开封城留下的唯一建筑印记。

开封铁塔的形制

开封铁塔是我国现存最早最高的琉璃砖塔，有“天下第一塔”之称，历经战火、水患、地震，仍巍然屹立，是中原文化中一颗璀璨夺目的明珠。“铁塔行云”，是著名汴梁八景之一。

铁塔目前通高55.08米，八角十三层，是仿木构的楼阁式砖塔，内部用砖砌筑，塔身外部用琉璃瓦包砌。

青砖质地密实，分条砖与方砖两种。条砖长40~42.5厘米，宽19.6~20.5厘米，厚6~8厘米；方砖边长为41厘米，厚7厘米。

原有高大的须弥座塔基，由于黄河多次泛滥，已经淤埋地下。据《开封府志》记载，塔座旁有八角形水池，北面有小桥，可过桥进塔。

底层四面各辟一圭形门，高约1.5米，宽约0.6米。底层设有四个塔

开封铁塔细部

室，为大小形制基本相同的方形。

塔身细高，向上逐渐内收，形成八棱锥形。飞檐翘角，造型秀丽挺拔。

塔身外侧仿木特征明显，有砌筑仿木结构的门窗、柱子、斗拱、额枋、塔檐、平座，均由28种不同标准的砖制构件拼砌而成。琉璃砖具备优良的防水隔热、耐风雨侵蚀、防火等特性，且色泽鲜艳，坚固耐用。造型保持了木结构建筑精巧秀丽特征，又有效避免了易燃易腐，是建塔上的一项创举。而且，琉璃砖均为模制，预制构件使得建筑材料标准化，有利于提高工程效率。这些构件上，镶嵌有琉璃雕砖，内容丰富，有50多种图案，如佛像、菩萨、天王力士、飞天、胡僧、麒麟、游龙、狮子、牡丹花、宝相花、莲花、海石榴等，栩栩如生，工艺精巧。

塔心柱粗壮，自基至顶，有一层琉璃壁包裹，上为叠涩拱形尖顶。塔心柱与内壁之间设置螺旋式磴道168级，将塔心柱和外壁紧密地联成一体。磴道所至，每层有一处明窗，其余七面为盲窗。明盲交错，有效地缓解了强大风力的作用，并避免了塔体的垂直裂缝。顺磴道可攀缘到塔顶，凭栏远眺，古都开封的古城风貌尽收眼底。

塔顶为八角攒尖，八条垂脊上扣以筒瓦。垂脊顶端为一莲座，上置铜质宝瓶宝刹，为火焰宝珠形，高2.256米。宝瓶顶有八条铁索垂下，系于八角垂脊下端。

关于开封铁塔的传说

相传古时候在开封城北的夷山上，有一处奇怪的泉眼，不断向外冒出又咸又涩的水来，把开封城低洼处弄得泥泞不堪。

人们想堵死这处泉眼，但泉眼深不见底，往下投多少石块都无济于事。有一个商人，曾经在这泉眼打水，但水桶一下子被漩涡卷走。后来，他乘船外出经商，在海上偶尔打捞到自己这只水桶，当即明白这泉眼通向大海。这事情传开后，人们却也无可奈何。

正当人们一筹莫展的时候，古城上空响起“造塔……造塔……”的声音，仿佛是神灵相助。人们明白了，造塔可以镇住海妖，可是谁也没有见过塔，更不要说造塔了。

过了几天，街上来了一位老人，沿街叫卖“卖塔啦……”。人们纷纷过来看，原来是塔的模型。仔细看，明白塔就是叠起来的亭子。于是，人们开始按照模型造塔。可是，造了一两层，再往上就难了。

工匠们找到卖塔老人，老人一言不发，伸脚把塔的模型踩进了地下的土里。

工匠慢慢明白，这是神仙告诉大家，用堆土的方法运送材料：造一层，堆一层土，层层堆叠，全塔建成后运走泥土。

这样，高塔建成，泉眼也不冒海水了。

六榕寺花塔

三代名塔

171

六榕寺位于广州市区，始建于南朝刘宋时期（420—479），初名宝庄严寺；梁大同三年（537）昙裕法师重建；五代十国南汉时期（917—971）更名长寿寺；北宋端拱二年（989）改名为净慧寺；清代同治十三年（1874）重修，改名为六榕寺。现存寺院殿宇，多为明清和近代重建。

六榕寺是禅宗道场，与光孝寺、华林寺、海幢寺并称为广州“四大丛林”。六榕寺与光孝寺毗邻，同存千年。

六榕寺千佛塔，因外观华丽，酷似花束，被称为“花塔”。

六榕寺大殿前原本有一座砖石小塔，此为第一代塔，花塔前生。

内道场沙门昙裕法师奉命出使扶南（今柬埔寨一带）返至广州，因病滞留此地，修书表示“愿居此刹”。得到梁武帝诏许后，广州刺史萧裕于大同三年（537）重建舍利塔，形制为六层楼阁式方形木塔，塔基瘗藏佛

六榕寺门

六榕寺大殿

骨舍利。舍利塔的造型及所刻图案，为昙裕法师参考佛经故事和在国内外的游历所见，加以改良，设计而成。此塔为第二代塔，也是花塔前生。

唐永徽元年（650），舍利塔示现瑞象："忽于宝塔重睹神光：玉林照灼，金山具足，倏来忽往，类奔电之舍云；吐焰流精，若繁星之转汉；倾都共仰、溢郭同窥……"因此，宝庄严寺上座宝轮法师重修寺塔。

唐上元二年（675）十一月，初唐四杰之一的王勃南赴交趾（今越南河内附近）探父，途经广州，适逢宝庄严寺开设法会，应宝轮法师之邀，撰写重修碑记写下《广州宝庄严寺舍利塔碑》，记述这次盛典，称颂修塔盛举。次年，王勃搭乘木船南赴交趾，遇海上飓风不幸溺水惊悸罹难，年仅 27 岁。因此，这篇碑文，就成了一代才子的绝笔。

王勃的《广州宝庄严寺舍利塔碑》，全文 3 200 余字，这是历史上篇幅最长、内容最丰富的宝塔铭文，后被称为"粤版《滕王阁序》""王勃碑"。其中，对舍利塔的形貌描绘如下："崇阶遽积，宝树俄周，不殊仙造，还如涌出。故其粉画之妙、丹青之要，璇基岌其六峙，雕关纷其四照。仙楹驾雨，若披云翳之宫；采槛临风，似遏扶摇之路。散华珰于月径，璧合非

六榕寺千佛塔

遥；拨罾网于星浔。珠连可验。玉虬承溜。俵云窦而将骞，金爵提甍，拂烟衢而待翥。瑶窗绣户，洞达交辉；方井圆泉，参差倒景。雕镌备勒，飞禽走兽之奇；藻绘争开，复地重天之奕。悬梁九息，良马踆走而未穷；迭蹬三休，的卢骋犍而知倦。是栖银椁，用府琼函，采舍卫之遗模，得浮图之故事。”

从碑文可知，塔座周围种植了很多树木，还有几口方井；塔为六层，方形，塔身有彩画装饰，有雕饰华丽的基座和门道；塔身有很多门窗，塔身内外有很多雕绘的花纹图案；各楼层外围有挡风雨的檐柱和油漆外廊栏杆，檐口有瓦当，檐面布瓦如网，檐脊上有雕龙脊饰，檐角有挂铃；塔顶有四条屋脊的攒尖顶。

王勃描述的，是楼阁式方形六层木塔，造型轻盈。六层舍利塔非常少见，个中原因，或许是当地台风地震多发，致使高塔难于保存。

南汉时期，历代君主虔信佛教，宝庄严寺易名为长寿寺，舍利塔依然屹立，每逢上元、中秋“赛月灯”，人们登塔燃烛悬灯庆祝，以兆丰稔。

北宋开宝四年（971），南汉灭亡时，长寿寺“寺塔均毁，胜迹荡然”。昙裕法师所造之塔，究竟是毁于战火，还是毁于花灯失火，历史上有不同的说法。

端拱二年（989），修葺寺院，改名为净慧禅寺，并铸造禅宗六祖慧能铜像。

绍圣四年（1097），原址重建八角九层楼阁式塔新塔，沿用旧塔梅花井桩地基，塔壁佛龛供奉千佛，称千佛塔，撰《重修广州净慧寺塔碑记》。此为第三代塔，屹立至今。

元符三年（1100），苏轼来净慧寺游览，见寺内有榕树六株，留题“六榕”二字，后因寺僧制成匾额悬挂在寺门上，故有“六榕寺”俗称。

明万历四十六年（1618），重修塔上的88尊佛像。

清初，因千佛塔彩釉生辉，色彩斑斓，在阳光下犹如绽开的花瓣，塔尖和四周穿护的铁链酷似花蕊，在当地驻守的清兵称之为“花塔”，净慧寺俗称“花塔庙”，塔上题有“红绿白黄，互相辉映，旭升日落，观美如花”。咸丰六年（1856），台风侵袭，塔顶坠地；光绪元年（1875），重修千佛塔，

六榕寺千佛塔细部

撰《重修六榕寺佛塔记》，正式更名为六榕寺。习用俗称，终成定名。

1915 年塔身因地震开裂，于 1933 年开始募化重修，次年开建，用钢筋水泥、工字铁架、圆铁盘、铁栏杆等加固，历时 19 个月完成。1935 年在塔旁刻制的《重修六榕寺花塔工程记》铜碑，详细记载本次修缮细节。同时，"花塔"也成为正式名称，并沿用至今。民国政治家谭延闿曾多次访问，并留下诗句："补榕亭下悄相对，夜色初上梅花枝。花塔峭然寂无语，不识人世成今古。"

今天的花塔，便是北宋重建，后又经多次重修，保存较完整。塔高 57.6 米，造型挺拔秀丽，在南方古塔中比较高，是典型的砖木混合结构楼阁式塔。塔身除斗拱及楼层用木制外，各层砌砖叠涩挑承平座和瓦檐，自下而上逐层内收。塔身呈八角形，外观 9 层，塔内自底层以上每级都有暗层，共计 17 层。明层只作过道通风，暗层则作上下之用，有梯级左右上下，可以登高眺览。平座施栏杆，采用仿宋斗子蜀柱式，与民国旧照中所用栏杆明显不同，为 1980 年修复时所换。

塔刹用铜铁铸成铜柱铁链，刹柱为元至正十八年（1358）所铸的千佛铜柱，有九重相轮，加上刹顶宝珠和下垂拉于顶角的铁链，共重达 5 吨。

1980 年，花塔全面维修，在塔壁发现印有北宋的砖铭，刻“广州净慧寺宝塔砖劝首林主簿并转运司监劝史首王”文字。

1986 年，中国佛教协会会长赵朴初视察六榕寺，留题《调寄临江仙》一首：“缘谢缘生观万法，休嗟剩水残山，参天榕树尚存三，塔波留胜迹，十地许登攀。　　昔日须弥今芥子，开颜平等相看，虚空无尽愿无边，一

《重修净慧寺千佛宝塔颂碑》拓本

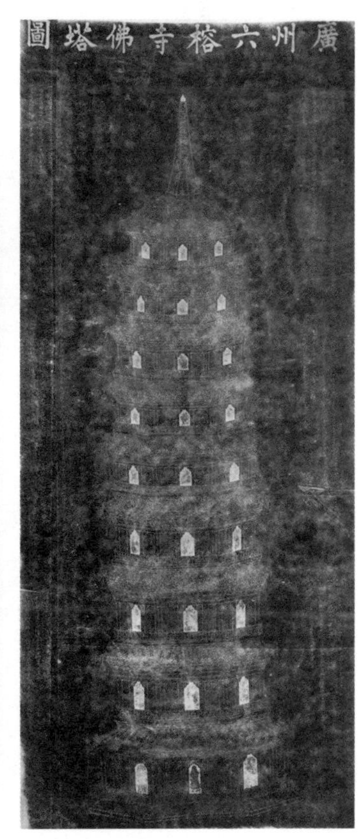

《广州六榕寺佛塔图》拓本

《苏东坡像碑》拓本

《重开永嘉证道歌碑》拓本

花还一叶，念念现庄严。”

1989 年，六榕寺花塔被广东省政府公布为省级文物保护单位；2006 年，成为全国重点文物保护单位。

2015 年，六榕寺方丈法量大和尚表示希望将王勃塔碑铭文加以译注，翻译成白话文，让更多人了解和欣赏这一瑰宝。这个倡议，得到社会各界积极响应。

与百年前的照片相比，花塔经修整，形制依旧。《佛塔图碑》《重开永嘉证道歌碑》《苏东坡像碑》《重修净慧寺千佛堂塔颂》碑等，现保存完好，存于寺内。

云居寺

形制罕见的辽塔

房山云居寺全景

云居寺是北方巨刹，位于北京市房山区大石窝镇水头村，环境幽静，风光秀丽，文化特色浓郁，是藏经纳宝之地、祈福迎祥之所。

云居寺始建于唐贞观五年（631），由静琬法师创建，初名“智泉寺”，后改称“云居寺”，也称“石经寺”。辽圣宗时期（983—1031）形成五大院落、六进殿宇格局，其后金、元、明、清各代都有修葺。1942 年，遭日军轰炸毁坏。

寺内有南北两座大塔，周围山上还有十余座唐、辽、明各代建造的砖塔和石塔。

1961 年，云居寺塔及石经被列入第一批国家重点文物保护单位名单；1985 年后，陆续恢复寺中建筑；1987 年，由云居寺、石经山藏经洞、唐辽塔群构成的宝库正式对游人开放。现为国家 AAAA 级旅游景区。

历尽百年沧桑，与百年前的照片相比，北塔经过修葺，仍然保持原貌。但北塔四隅小塔，均有一定残损。静琬法师塔、续秘藏石径塔等仍然留存，但也有不同程度的残损。

石经山藏经洞

房山云居寺以石经闻名于世，是隋代静琬法师遵照其师北齐高僧慧思遗愿，自大业年间（605—618）开始刻造的。南北朝时期废佛之后，时人深感身处“末法”时代。静琬法师发宏愿刻一代经藏石窟，以备法灭。自慧思遗愿、静琬刻经之后，历经弟子继刻、刘济刘总父子刻经、辽金补刻、元明补修，形成现存规模最大的石刻佛经保存地。

明崇祯八年（1635）刊行的刘侗、于奕正合著《帝京景物略》，有如下记载：

> 房山县西南四十里，有山好着白云，腰其丰麓，曰白带山。所生芯题草，他山实无，曰芯题山。藏石经者，千年矣，始曰石经山，至今也，亦曰小西天云。北齐南岳慧思大师，虑东土藏教有毁灭时，发愿刻石藏，密封岩壑中，以度人劫。座下静琬法师，承师咐嘱，自隋大业，迄唐贞观，《大涅槃经》成。其夜山为三吼，为生香树三十余。六月水涨，为浮大木千统至山下，构云居寺焉。唐玄宗第八妹金仙公主修之。我洪武二十六年又修之，正统九年又修之。
>
> 山上有雷音洞，高丈有余，纵横于高有倍，上幔覆。壁四刻经，柱四刻像。前石有扉，维以开闭。几案瓶罏皆石。石台有栏，横与堂亘。堂左洞二，右洞三，堂下洞二，皆经。唐迄元，代有续刻经目列石幢。人传洞火龙所穿也，火龙也。今石壁凹凸处，犹烧痕矣。洞中燥而北潴，池之，井之。洞北有泉灦灦。窦石迳石，下山始润于土。木根石而资泉，藤腹乎木，亦资泉，自古幕泉上。径泉之南，旋旋登登。山五顶，号之曰五台。金仙公主各自石小塔以峰之。东台壁上，掌印四，号之曰文殊印也。别峰冠石，后广前锐，出于空虚，号之曰曝经台。山下左右，东峪寺、西峪寺。西峪寺后香树林，香树生处也。梦堂庵，唐梦堂师居处也。林后，琬公塔也。
>
> 万历壬辰，达观和尚睹像设衰颓、石版残蚀，拊幢号痛，率

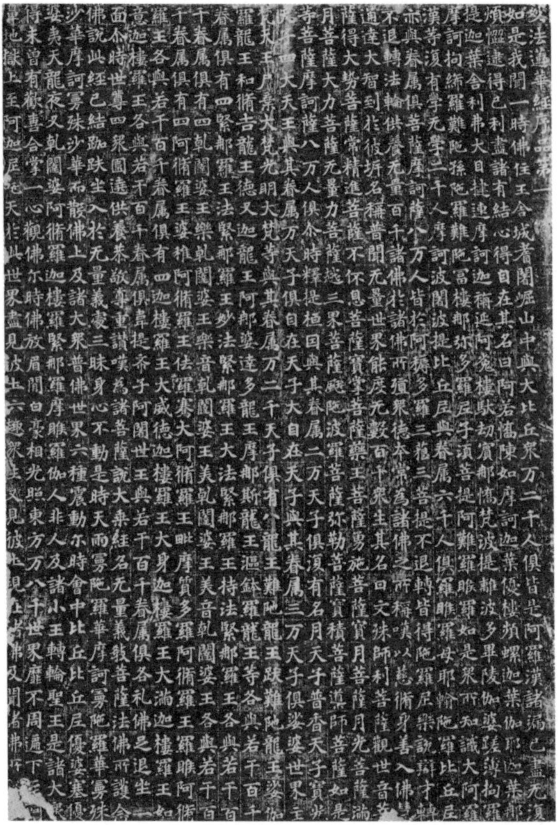

云居寺小西天石经

僧芟除。是夜，为来风雷，光照岩壑。翌日启洞，拜石经。石下有穴，藏石函一尺。上刻："大隋大业十二年，岁次丙子，四月丁卯朔，八日甲子，于此函内，安置佛舍利三粒，愿住持永劫"三十六字。发视际，异香发于函，盖石、银、金函三发，而得小金瓶，舍利现矣。状黍米，色紫红。师悲恋礼赞，闻于慈圣太后，迎入供养。函瓶以玉，外函覆之，安置故处。僧憨山撰《雷音窟舍利记》，刻之石。

静琬法师刻经历时30年，于唐贞观十三年（639）圆寂后，其历代弟子玄导、仪公、慧暹、玄法相继主持刻经，后得到金仙公主奏赐经本4 000多部作为底本，刻成经书百余部藏于山中。

唐武宗会昌法难期间，刻经事业日渐衰败;五代，时局混乱，刻经事业陷于停顿；辽太平七年（1027），刻经继续。大安九年（1093），通理法师募资继续刻经，补刻前人所缺，使大乘经、律、论三藏完备，共刻成小型经版4 080块。

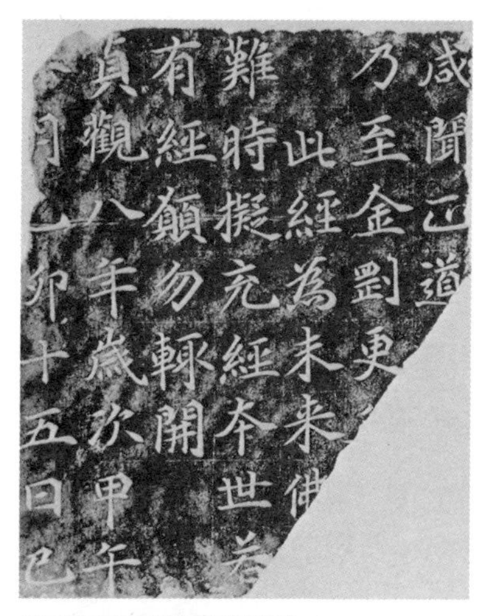

云居寺小西天石经附属石刻字拓本

静琬及其弟子所刻的石经，分别藏于石经山腰9个藏经洞中，内藏隋唐至明末的石刻经版4 195方，保存了50多种各版大藏经所没有的经籍，可谓集中国石经之大成。石刻书法秀丽，雕工精湛，是研究中国佛教史、美术史、建筑史、书法史的珍贵资料。

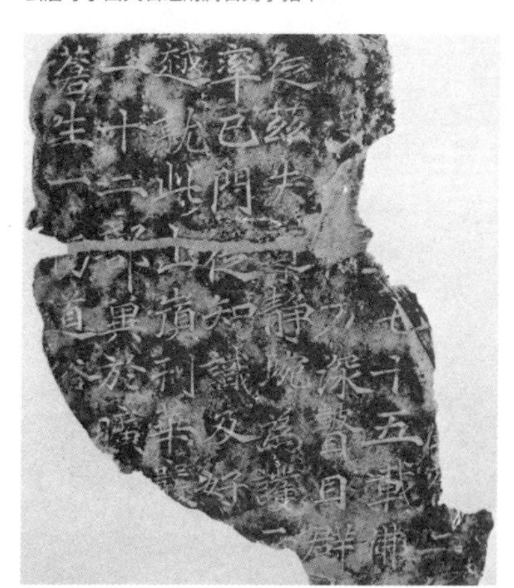

云居寺小西天石经雷音洞外壁嵌入残石刻字拓本

其中，有8个洞为封闭式，唯有规模最大的雷音洞为开放式。雷音洞以四根八棱石柱支撑洞顶，柱上雕佛像1 056尊，俗称千佛柱。洞为不规则方形，每面10米左右，宽广如殿。洞壁嵌镶嵌经版为建寺僧人静琬早期所刻，共146方。

通理法师圆寂后，其弟子善锐、善定等人于辽天庆七年（1117）在寺西南角开一地穴，将通理法师和幽州刺史韩绍芳主持所刻石经板一并入穴，次年在穴上筑塔为标志。此塔在南塔边，名为压经塔。1956年，考古人员在压经塔下发现一个藏经的洞穴，南北长109米，东西宽10米，深5米。四边筑有围墙，穴内分大小不等的两室，摆满了辽金时期的经版

10 083 方，计 3 400 余卷，后与山西应县木塔发现的辽代文物对比，确认地穴石经为辽刻《契丹藏》，为中国唯一的石刻大藏经。

因此，云居寺成为中国现存规模最大的石刻佛经保存地，共有经版 14 278 块，佛经 900 余部、3 452 卷。

同时，也发掘出金代、明代的刻造石经，证明云居寺刻经事业跨越千年。此后，文物工作者用了3年时间拓印了7份，共20余万张，今分别收藏于中国佛教协会（两份）、国家图书馆、吉林大学、上海图书馆、中国科学院、北京市文物研究所各一份。清理与拓印结束后，刻经石板放回石经洞和地宫原处，得到妥善保存。

1987 年，北京图书馆善本部金石组与中国佛教图书文物馆石经整理研究组合作完成的《房山石经题记汇编》一书，由书目文献出版社正式出版，千年古藏，与公众初见。

1989 年，在雷音洞前栏板下又发现了唐武德八年（625）刻经题记，其中记述了静琬刻经的事迹。

1991 年，在石经山山沟里发现了佚失的元代《重修华严堂经本记》残石。

云居寺石经版，为佛教、金石、书法、文字、历史等方面的研究，提供了大量丰富而珍贵的资料，被誉为“北京的敦煌”。

北塔

云居寺有两座辽塔对峙，北塔位于寺北，又称“罗汉塔”，是辽代砖砌舍利塔，始建于辽天庆年间（1111—1120），塔身集楼阁式、覆钵式和金刚宝座三种形式为一体，是造型极为特殊的辽塔。

因塔身原为红色，又称红塔，高 30.4 米。

塔基为两层，八角形。下层基座砖刻佛塔图案和佛教偈语，如“诸法因缘生，我说是因缘”“因缘尽故灭，我作如是说”“诸法从缘起，如来说是因”“彼法因缘尽，是大沙门说”。下层束腰部分每面雕三窟，原有佛像。上层基座每面有三个壶门，内有雕像，外侧有人物、兽首、花草等图案。

云居寺北塔（红塔）

云居寺北塔细部

基座上方，为仿木斗拱，各转角处雕有力士托举。

塔身分为上下两层，下层为楼阁式，中间是须弥座，上层为覆钵式。

楼阁式塔身为八角形，又分两层，构造手法相同，但第二层略小。两层之间，中间有八角形塔心柱，原有木梯可登塔瞭望，但无栏杆。两层塔身四周，各有仿木砖雕斗拱和塔檐，檐角挂有铜铃。

塔身两层各开半圆拱门四个，第二层南面拱门上方两侧各刻有一飞天，装饰富丽。其余三面是闭塞的假门。另四面壁隅上，刻有棂子窗。

楼阁式塔身，上有筑有八角形须弥座基坛，各面以短柱相隔，穿凿佛龛两处，转角置宝瓶。

其上，为三重八角露盘。露盘上，为鼓形覆钵体塔身，也分上下两截，中有界限。

再上，是巨大的八重相轮，向上逐层内收。顶部有一小露盘、覆钵、仰莲、宝珠。

如此，金刚宝座、楼阁式塔身、覆钵式塔身，三种形制集于一塔。这样的造型，十分少见，类似的有天津市蓟州区观音寺白塔。

唐塔

北塔四面，各有一座三四米高的小唐塔，原在佛殿之前庭，后移至此处。

四座唐塔都有明确的纪年，为唐景云二年（711）至开元十五年（727）间所建。五塔相伴，形成一个整体，为中国金刚宝座塔（五塔）的早期实例。

四座唐塔均为石塔，造型大致相同，正方形，六层密檐，每层用叠涩法砌出塔檐，在塔顶处安置葫芦形塔刹。塔龛浮雕一佛二侍，塔门两侧浮雕金刚力士，塔身侧面篆刻塔铭。

东南角唐塔建于唐太极元年（712）。塔身四方形，高3米左右，西面外壁上刻有塔铭，有“……敬造石浮图七级，释迦像二，菩萨神王等一铺”的记载。塔门朝北，券门，开有方形佛龛，正面雕一佛二菩萨像，龛门两旁各雕一力士。六层密檐，葫芦形塔刹。日本学者关野贞在百年前现场考察的记录为：“方塔七层。初层方三尺八寸，以大理石筑成。第一层高，第二层以上塔身变低，其大小渐次内敛。顶盖层层亦与此相同，与西安荐福寺小雁塔同呈炮弹状轮廓，上冠宝珠。第一层南面开有入口，其上作有莲花拱，左右为厚浮雕之金刚力士像。手法甚是雄浑。内部后壁作有三尊佛。本尊在须弥座上，左右两胁侍在莲座上，皆负有宝珠形背光。姿势协调一致，面相丰润，为最优秀之杰作。其技巧、特色颇类似西安宝庆寺唐代石佛像。西面有《大唐易州石亭府左果毅都尉蓟县田义起石浮图颂》。大极元年四月八日，和州历阳丞王立贞文。”

东北角唐塔，建于唐开元十年（722），塔身方形，七层，高约4米。塔门朝北，券门，方形佛龛外各浮雕一尊金刚力士像，龛内正面汉雕佛像及胁侍像两边浮雕供养人像。塔身东壁刻有塔铭。密檐六层，葫芦形塔刹。日本学者关野贞的考察记录为：“七层石塔，亦与前者形式相同。初层方四尺一寸六分，入口上部冠有莲华拱，左右以厚浮雕作有神将力士像，雕刻技巧雄丽。内部后壁阳刻有三尊佛。在一茎三支莲花之上，佛之背光尤为精丽，刻羊、龙头，上部显示有五化佛。本尊菩萨之面相、姿势及衣纹手法尤为优雅美丽。左壁（西）又有六侍者，右壁（东）立有四侍女。亦是象征当时风俗之优秀之作。塔外壁有《大唐易州新安府折冲李公石浮图之铭》。开元十年四月八日建造，易州前遂城县书助教梁高望书。”

西南角唐塔，建于唐开元十五年（727），塔身方形，六层密檐，有券门，方形洞龛，龛内浮雕佛像和胁侍，内壁雕刻有一个供养人。壁上刻有塔铭。日本学者关野贞的考察记录为：“石塔亦七层。第一层方三尺二寸五分。其形式全与东南小塔同。入口之左刻有神将，右刻有力士像。内部后壁上雕刻有三尊佛。本尊在八角台座之上，胴部稍过长，而与胁侍菩萨皆呈现优美气象。外壁刻有《大唐云居寺石浮图铭并序》。开元十五年岁次单阏仲春八日建造。太原王悦撰。”

西北角唐塔，建于唐景云二年（711），塔身方形，高3米左右。塔门朝北，有方形洞龛，浮雕佛像及胁侍，塔身之上六层密檐，塔刹部分残损。塔铭已风化，不可辨认。日本学者关野贞的考察记录为：“形式亦与其他相同，小石塔。初层方三尺五寸五分，外壁刻有宁志道书之《石浮屠铭》并序。景云二年岁次辛亥夏四月八日建造。”

南塔

南塔为八角十一层密檐式砖塔，原建于辽天庆七年（1117）。

塔四周为方形塔院，矮墙围绕。八角形砖台塔基。须弥座塔座，下为平座，设斗拱勾栏；上为仰莲瓣座三层。

塔身中空，四正向辟门，四斜向砖砌破子棱假窗。

塔檐逐层向上内收，叠涩出檐。一层塔檐下有补间铺作，双翘五铺斗拱，并有仿木结构砖雕椽头，其上二至十一层，各层塔檐下为单翘四铺斗拱。一层塔檐下椽下风铃，其上各层角梁下悬挂风铃。

20世纪初，日本学者关野贞现场考察后如此描述：“浮屠塔砖构十一

云居寺南塔

云居寺南塔局部

层，立于方五十二尺五寸五分方坛之上。方坛平面八角，高耸于八角基坛之上。基坛一面长十三尺八寸五分，二层，各面各设有二佛龛，上层以斗拱承托勾栏，皆为砖筑，技工颇富丽。塔身初层在莲座之上，每面宽十一尺二寸五分，四面开有拱门，四隅壁上作有棂子窗。第二层以上塔身急遽变矮，以四重隅承轩，各层皆同。唯向上，其大小逐渐递减，整体平稳。各层屋顶皆葺瓦。此砖塔规模未必大，然辽天庆七年建造，年代确切，可为其他参考标准。此可谓贵重之遗构。”

辽代原塔于 1942 年毁于日军炮火。2014 年 9 月 9 日，南塔复建完工，为全国首例复建古塔。历经千年，古塔重生。如今，苍松翠柏之间，山风拂过这座青石砖塔每层檐角下的铜铃，与北塔南北呼应，为云居寺地标。

压经塔

压经塔，又称“续秘藏石经塔”，俗称“棱碑”。塔高约 5 米，八角七级密檐石塔，汉白玉材质。原在南塔旁，现位于云居寺石经地宫上方，建于辽天庆八年（1118）。

塔基为石雕双层须弥座，下层塔基每面雕刻两个狮子，形态各异，生动逼真；束腰部分各面有一壶门，雕刻有伎乐、舞者等精美图案；上层塔基雕刻迦楼罗和飞天。

云居寺南塔下续秘藏石经塔

须弥座上是三层仰莲托，托起八棱塔身。

塔身八面刻有天庆八年（1118）志才撰《续秘藏石经塔记》，详细记载了石经刻造的历史过程：“有隋沙门静琬，深虑此事，励志发展，于大业年中，至涿鹿山，以大藏经刻于贞珉，藏诸山窦，大愿不终而掩化。门人导公、仪公、暹公、法公，师资相踵，五代造经，亦未满师愿。至大辽留公法师，奏闻圣宗皇帝，赐普度坛利钱，续而又造。次兴宗皇帝赐钱又造。相国杨公遵勖、梁公颖，奏闻道宗皇帝，赐钱造经四十七帙，通前上石，共计一百八十七帙，已厝东峰七石室，见今大藏仍未及半。有故上

云居寺南塔下续秘藏石经塔细部

人通理大师，缁林秀出，名实俱高，教风一扇，草偃八宏。其余德业，具载宝峰本寺遗行碑中。师因游兹山，寓宿其寺，慨石经未圆，有续造之念，兴无缘慈，为不请友。至大安九年正月一日，遂于兹寺开放戒坛，任庶道欲，入山受戒，叵以数知，海会之众，孰敢评之？师之化缘，实亦次之。方尽暮春，始得终罢。所获施钱乃万余镪，付门人见右街僧录通慧圆照大师善定，校勘刻石。石类印版，背面俱用，镌经两纸。至大安十年，钱已费尽，功且权止。碑四千八十片，经四十四帙，题名目录具列如左。未知后代谁更继之。又有门人讲经沙门善锐，念先师遗风不能续扇，经碑未藏，或有残坏，遂与定师共议募功。至天庆七年，于寺内西南隅穿地为穴，道宗皇帝所办石经大碑一百八十片，通理大师所办石经小碑四千八十片，皆藏瘗地穴之内，上筑台砌砖建石塔一座，刻文标记，知经所在。”

首层塔檐仿木结构雕刻，塔身上方为石雕七层密檐，较为简洁。

塔刹由双层莲花承托宝珠，今宝珠已失。

静琬法师塔

开山静琬法师塔，又称琬公塔，通高约 6 米，为八角三层石塔。原位于水头村静琬塔院内，后移到云居寺内药师殿前。

基坛二重，方形须弥座遍刻莲花装饰，下层上方为仰莲、上层下方为覆莲。

塔座为八角形，托举八角形柱状塔身。初层塔身较高，各隅有八角棱柱，正面刻有“开山琬公之塔”六字。

塔身上方为三层仿木石雕塔檐，初层刻有斗拱形状。塔顶有露盘、仰莲、覆钵、七重相轮及三重宝珠。

云居寺从静琬法师塔远望小西天

六和塔

江南名塔

193

六和塔远望

“上有天堂，下有苏杭”，杭州风光明媚，更有六和塔、雷峰塔、保俶塔、闸口白塔、灵隐寺双塔等著名的古塔，素有“六和如将军，保俶如美人，雷峰如老衲”的称誉。

六和塔位于钱塘江畔月轮山上，紧邻钱塘江，始建于北宋开宝三年（970），是我国古代砖木结构建筑物中的奇珍。1961 年，被公布列入第一批全国重点保护文物名单。

六和塔名称的由来

六和塔又名六合塔，其名称之由来，大致有四种说法。

第一种说法，认为源自佛教用语“六和敬”。

佛教典籍《本业璎珞经》中有“身和同住，口和无争，意和同悦，戒和同修，见和同解，利和同均。”讲的是僧众要在六个方面团结共处：身和敬，同礼如来；口和敬，同赞佛德；意和敬，同信彼岸；戒和敬，同守戒律；见和敬，见解同空；利和敬，衣食均等。当时人们认为佛法无边，因此造塔镇压钱塘江中的水怪。

其实，道教也有“六合”，即天、地及东南西北四方，表示广阔。《晋书·五行志》有“六气和则沴疾不生，盖寓修德祈年之意”的记载。

第二种说法，是“六和填江”的西湖民间故事。

原先，住在钱塘江里的龙王，性情暴躁，潮水涨落没有一定时刻，沿江两岸的田地常常被淹没，人们成天提心吊胆地过日子。六和是江边一户穷苦渔民的儿子，不料父亲在江上捕鱼时翻船淹死，母亲也被潮水卷走，六和又伤心又气愤，就一面哭一面尽力把江边山上大大小小的石块扔进江里去，发誓要用石块把钱塘江填满，不让潮水再横冲直撞到处害人。最终，六和制服了龙王，使人们过上了安居乐业的生活。为了感谢六和，后人就在六和搬石块的小山上，修筑起六和塔。

六和塔内部

六和塔

第三种说法是钱塘江夜航需要。

钱塘江是吴越的海上交通要道。塔顶和四周翘角上的明灯，在夜色苍茫的江上引导过往船只辨识方位，便利钱塘江航运，因此有“灯通海客船”的名句。清代陆次云《湖壖杂记》记载：“压波凌江，巍然作镇。旧砖灯塔夜灿，船舶望此而归。”史书记载，吴越国王钱弘仿，曾经征集大量民工，修造了百余里长的钱塘江海塘，减轻了江潮的危害，促进了航运。这个说法也意味着佛塔超越了宗教意义，日渐实用化与世俗化。

第四种说法是为纪念春秋战国时期的六国联合。

纵横家苏秦，曾经联合楚、齐、燕、赵、韩、魏六国使臣，在钱塘江边的月轮山上会盟以抵御秦国。后人为纪念这次会盟，取名“六和塔”。

六和塔的千年风霜

六和塔，属于开化寺，吴越王钱俶舍园而建，始建于北宋开宝三年（970），寺庙与塔均由高僧延寿所造，塔的一侧建有塔院。初建时规模很大，塔身共有九层，高50余丈，据说塔内原藏有舍利。《咸淳临安志》载：“智觉禅师延寿始于钱氏南果园开山建塔，因地造寺，以镇江潮。塔高九级，五十余丈，内藏佛舍利。”

北宋宣和三年（1121）焚毁，片瓦不留。

南宋时期，绍兴二十二年（1152），改六和寺为开化寺，塔名为开化寺塔。主持智昙高僧“以身任其劳，不以丝毫出于官”，化缘筹资，于绍兴二十六年（1156）至乾道元年（1165）重建，改九层塔为七层塔，历时十年竣工。寺院规模扩大，形成一塔一寺的格局。

其后历代，寺与塔同历毁建，但是塔主体依然是南宋遗存。

清雍正十三年（1735），国库出资重建，寺院内规模渐大，

六和塔初层平面图

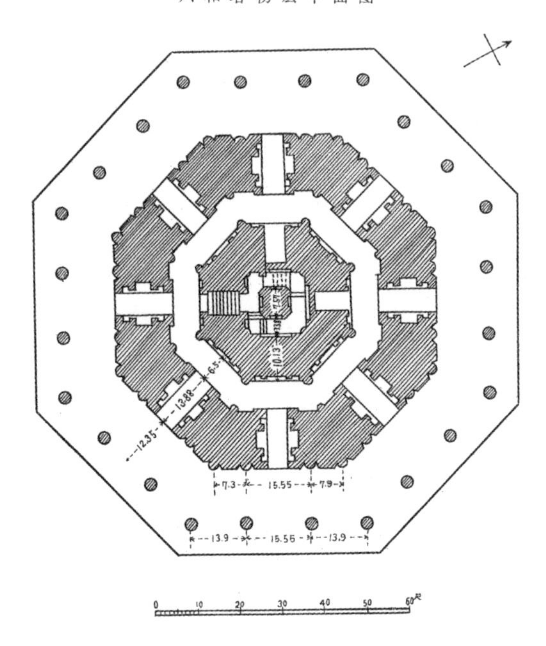

建有四进院落和钟鼓楼等。光绪二十一年（1895）至三十年（1904）重修时，塔身外部添筑了十三层木构外檐廊，外二层为内一层，其中六层封闭，七层与塔外相通，形成七明六暗的独特构造，也奠定了如今六和塔的基本外观。

1953 年起，多次全面维修。

2009 年，完成亮灯工程建设。

与百年前的照片相比，六和塔基本保持原状。

六和塔的形制

六和塔为楼阁式塔。塔高 59.89 米，塔身为砖砌，外檐为木构，平面呈八角形。

塔身各层由外墙、回廊、内墙和塔心室构成，内墙和外墙形成了内外两环，两环之间为回廊，回廊内有穿壁螺旋式阶梯，共 226 级台阶，盘旋上登顶层。

外檐13层，其中七层与塔身相连，另外六层为暗层。塔身仿木结构形式砌筑，塔身内塔外设有木檐回廊，宽阔舒展，可纵目江天，眺望美景。各层檐角挂有104只铁铃。

塔心室为方形，原置佛像。每层塔心室均用砖砌仿木斗拱承托天花藻井，藻井以两层菱角牙子叠砌而成，显得华丽深邃，有各式彩绘。

塔的内墙与塔外形对应有八边，内设甬道。其中四边凿有壁龛，龛下设须弥座。须弥座的束腰部分，共有174组砖雕，刻有花卉人物、鸟兽虫鱼及回纹、云纹、团花等各种图案，刻画精致，栩栩如生，式样符合北宋李诫所著的建筑学著作《营造法式》所载“彩画作制作图样”。另四边辟门，相互间隔。每层塔壁四面辟门，通达木檐外廊。内外壁之间是一条通道，底层通道宽1.93米。

各层向上收分，腰檐支出宽度逐层递减。顶部无相轮，只冠以宝珠。

六和塔的典故

塔以人传，人以塔显，两者相得益彰。

除了“六和镇江”之外，六和塔还有三个典故：“钱王射潮”“鲁达圆寂”“武松出家”。

“钱王射潮”说的是：古时钱塘江潮水凶猛，给两岸人民带来灾害。吴越王钱镠治理杭州，江中有潮神作怪，修建中的钱塘江海堤屡屡被潮水冲塌。据传每年八月十八日潮神亲自巡江，是日，钱王带领万名弓箭手万箭齐发，潮神落荒而逃。此后，潮水按照“之”字形到来，不再威胁海堤。“钱塘江”“之江”因此得名。

“鲁达圆寂”与“武松出家”，皆出自《水浒传》，说的是鲁智深和武松在六和塔六和寺内疗伤。鲁智深夜半听到了钱塘江上潮声雷响，以为是战鼓声，起身迎战。经僧人解释方知是潮信。他想起以前出家时师父说过“听潮而圆，见信而寂”的偈语，觉得这是宿命，便在六和塔边圆寂坐化了。鲁智深圆寂后，武松在六和寺中出家，到80岁老死寺中。

六和塔诗词

景以塔胜，塔因诗美。

“孤塔凌霄汉，天风面面来。江光秋练净，岚色晓屏开。独鸟冲波没，连帆带日回”以及“千里江风千里浪，一层云树一层天”，道出了人人心中所有、人人笔下所无的哲理。历朝历代，无数文人学士来此登高赋诗，留下了大量名篇佳句，使这宏伟的古塔更富神奇色彩。

南宋陆游《过六和塔前江亭小憩》：“断岸孤亭日暮时，栏边聊试葛巾欹。偶观挂席乘潮快，便觉悬车纳禄迟。痛饮相如无奈渴，清言叔宝不胜羸。年来亲友凋零尽，惟有江山是旧知。”

宋元之交，诗人白廷玉《同陈太傅诸公登六和塔》：“龙山古化城，浮屠峙其巅。开殿生妙香，金碧森贝筵。应真俨若生，倒飞青金莲。头陀绀林丛，导我丹梯缘。初犹藉佛日，闭境倏已玄。回头失谁何，叫啸衣相牵。且复忍须臾，当见快意天。娇儿诧先登，网户相钩连。炯若蚁在珠，九曲随盘旋。烂烂沧海开，落落云气悬。群峰可俯拾，背阅黄鹄骞。奇观兴懦夫，便欲凌飞仙。绝顶按坤维，始见南纪偏。神京渺何许，王气须停躔。舟车集百蛮，岛屿通人烟。一为帝王州，气压三大千。罡风洒毛发，铎语空蝉联。红红杏园花，愧乏慈恩篇。”

元代张翥《登六和塔》：“江上浮屠快一登，望中烟岸是西兴。日生沧海横流外，人立青冥最上层。潮落远沙群下雁，树欹高壁独巢鹰。百年等是繁华尽，怕听兴亡懒问僧。”

清代丁立诚《六和塔照幽》：“七层八面六和塔，永镇江潮用佛法。千灯万佛火放光，幽明照彻开道场。江上望塔烟火放，塔上望江金龙状。灯前坐化有何人，搬沙之鬼乐水滨。”

清代林则徐《六和塔》：“浮屠矗立俯江流，暮色苍茫四望收。落日背人沉野树，晚潮催月上沙洲。千家灯火城南寺，数点帆归海外舟。莫讶山僧苦留客，有情江水也回头。”

妙应寺白塔

现存最早最大最优美的喇嘛塔

妙应寺白塔

妙应寺，又称白塔寺，位于北京阜成门内大街中段北侧。妙应寺白塔，早在20世纪60年代初即被列为第一批全国重点文物保护单位。“妙应”二字，清乾隆帝在《高宗御制重修妙应寺碑》中表述为：“无而能妙，空而善应。”

喇嘛塔的历史变迁

唐贞观十五年（641），文成公主（625—680）远嫁吐蕃，与松赞干布和亲，促进了汉藏文化交流，也促进了藏传佛教的形成和发展。

1038年，李元昊在西北地区建立“大夏”，史称西夏。西夏早期受汉传佛教影响，历代皇帝崇尚佛教，建有楼阁式、密檐式、亭阁式、花塔等多座宝塔，如1050年建造的银川承天寺塔，高64.5米，为八角形十一层楼阁式砖塔；宁夏同心县康济寺塔，为八角形十三层密檐式砖塔；宁夏贺兰山拜寺口双塔，为六角形与八角形十三层密檐式砖塔；此外还有甘肃敦煌城子湾花塔。

到了西夏中后期，西夏对吐蕃佛教采取兼容并蓄态度，吸收了藏传佛教的佛塔式样，建有多座喇嘛塔，藏语称“觉顿”。如宁夏贺兰县宏佛塔，三层八角，楼阁式与覆钵式相结合；古黑水城，位于今内蒙古额济纳旗，建有多座覆钵式塔，土坯砌筑，塔基平面有藏传佛教风格的十字折角形，上有木质刹杆，相轮为粗大圆锥形；青铜峡黄河西岸的一百零八塔，塔基呈“亞”字形，塔身为钟形覆钵式，堪称西夏古塔的代表。

到了元朝，藏传佛教成为主要宗教，大量喇嘛塔相继出现，如北京妙应寺白塔、北海白塔，内蒙古自治区大昭寺塔，山西五台山佛光寺志远禅师塔、五台山塔院寺白塔、代县阿育王塔，拉萨喇嘛塔，青海塔尔寺塔等，均为喇嘛塔的优秀代表。

喇嘛塔塔体基本一致，均为简洁的细颈圆腰，塔基和塔刹

的造型各有不同：台基纹饰丰富，塔刹造型多样，与圆形瓶体的塔身形成对比。

妙应寺历史

妙应寺创建于辽寿昌二年（1096），原名永安寺，原建有一座“释迦舍利之塔”。元代僧人如意祥迈所撰《圣旨特建释迦舍利灵通之塔碑文》记载：“初，旧都通玄关北，有永安寺，殿堂废尽，惟塔存焉。观其名额，释迦舍利之塔，考其石刻，大辽寿昌二年三月十五日显密圆通法师道敐之所造也。”

到了元代，至元八年（1271），忽必烈敕令重建喇嘛塔，白塔的兴建工程是元大都城新建的一部分。至元十六年（1279）白塔落成后，以白塔为核心，建皇家寺院大圣寿万安寺，至元二十五年（1288）建成，寺内碑文记载：“筑此金城，营斯玉塔，制度之巧，古今罕有”，当时有“金城玉塔”美誉。鼎盛时期，元贞元年（1295），成宗皇帝亲自主持“国祭日”，有7万人参加。至正二十八年（1368），寺院建筑毁于雷火，唯有白塔与影堂幸免于难。

明初，刘伯温曾赋诗《白塔寺》感叹：“物换星移事已迷，重来此地惑东西。可怜如镜中天月，独照城乌夜夜啼。”明代多次维修，最大的一次维修是天顺元年（1457），重建寺院，历经11个春秋竣工，明英宗赐名“妙应寺”，但寺院规模大为缩小，仅及元代佛寺的中部狭长地带，面积约为元代大圣寿万安寺的八分之一。每到逢年过节，这里就热闹非凡，据明代《帝京景物略》记载：“岁元旦，士女绕塔，履屣相蹑，至灯市盛乃歇。”自新年正月初一，人们即开始到白塔寺转塔，直到正月十五日元宵节才渐渐结束。这一习俗延续到清代，《光绪顺天府志》有“旦至三日，男女于白塔寺绕塔”的记载。此外，民间还有“八月八，走白塔”的习俗。

清代康熙、乾隆年间曾多次重修，康熙、乾隆皇帝都曾御笔亲题重修碑文。乾隆五十年（1785），乾隆皇帝在乾清宫和白塔寺内同时举行3 000人参加的“千叟宴”，乾隆皇帝为此御笔《妙应寺八韵》一首，并立碑纪念。

清代中后期，寺僧出租配殿和空地，逐渐演变为北京城内著名的“白塔寺庙会”，热闹非凡，与护国寺庙会、土地庙庙会、隆福寺庙会并称京城“四大庙会”。1942 年 10 月 11 日《晨报》记载：“白塔寺逊清以来，俗于夏历月之初五、初六两日（今则为国历月之五、六日）为市。沿阜成门内大街迤逦三、四里，以至庙内，摊贩杂陈，举凡人生日用所需，无不具备。届时仕女云集，人烟辐辏，颇类明时之内市、灯市与城隍庙市也。此习至今不替，惟近已不如昔时之盛矣。”

1900 年，妙应寺的法器和供器等，曾遭八国联军抢掠。

1961 年，妙应寺白塔被国务院公布列入第一批全国重点文物保护单位名单。1978 年，白塔得到整修，并在施工过程中发现了乾隆十八年（1753）存留在高塔顶部的大藏经、木雕观世音像、补花袈裟、五佛冠、乾隆手书《波罗蜜多心经》、藏文《尊胜咒》、铜三世佛像、赤金舍利长寿佛等文物。1997 年，重修了山门和寺内钟楼、鼓楼等建筑，并于 1998 年开放。2013—2015 年，白塔外部修缮。2019 年 11 月 19 日，妙应寺因文物建筑修缮及彩画保护工程，闭馆维修。2021 年 6 月 10 日，妙应寺重新开放。

妙应寺白塔

妙应寺白塔，又称“释迦舍利灵通之塔”“灵通万寿宝塔”“释迦舍利灵通宝塔”，因通体白色，俗称“白塔”。妙应寺白塔，形制渊源是尼泊尔的白塔，也是我国民族特点和外来风格相结合的产物，是我国现存最早最大最优美的喇嘛塔。

元至元八年（1271），元世祖忽必烈亲自参与勘察选址、设计和修造。尼波罗国（今尼泊尔）工艺家阿尼哥负责建造事宜。阿尼哥自幼学习梵文和工艺制造技术，后在西藏参与建造黄金塔，表现非凡，经帝师八思巴推荐，受到元世祖忽必烈的赏识和重用。他采用尼泊尔特有的覆钵式喇嘛塔的造型，历时 8 年，于至元十六年（1279）建成并将辽代舍利塔所藏舍

妙应寺白塔平面图

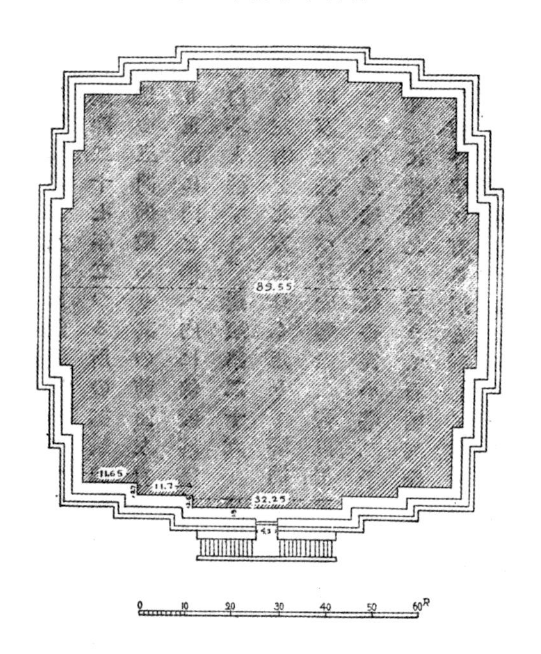

利等藏于塔中。

妙应寺白塔总高 50.9 米，砖石结构，由塔基、塔身和塔刹组成。

塔基三层，高大精美，叠高 9 米，平面呈“亞”字形。下层底座为护墙，用大城砖垒起，面积为 1 422 平方米。中层与上层为须弥座，上层面积为 810 平方米，转角处有角柱。须弥座上端，砖砌雕出巨大莲瓣。整体看，整个塔座层叠变化，造型优美，如同一个巨型莲座，承托塔身。

塔身，又称塔肚，是一个圆形覆钵体，上肩略宽，下部略有内收，形似宝瓶，粗壮稳健，用白垩土粉刷。

塔刹，分为刹座、相轮、宝盖和刹顶。

刹座，为“亞”字形须弥座。

相轮自下而上分十三层，寓意“十三天”，为佛教最高形制。相轮粗壮，为典型的元代式样。

其上为巨大的铜质宝盖，也称华盖、天盘，直径 9.7 米，以厚木作底，上置铜板瓦，做成 40 条放射形的筒脊。宝盖四周，悬挂 36 块流苏铜花板，每块花板下面都挂着一个铜铃，风吹铃铛铎，清脆悦耳。明代蒋一葵所著《长安客话》称："角垂玉杆，阶布石栏。檐挂华篁，身络珠网。珍铎迎风而韵响，金顶向日而光辉。亭亭岌岌，遥映紫宫。制度而巧，盖古今所罕见矣。"

刹顶为八层铜质塔，鎏金覆钵式，高5米，重4吨，其结构是用木刹柱把铜制构建分段套接。塔内藏有乾隆皇帝所赐僧冠、僧服、经书等文物。

白塔规制之巧，建筑技术之奇，古所罕见。初建时，在塔座、须弥座和覆钵体上都有许多精美的雕饰，岁月沧桑，多已剥落，也有一些则是明清后期修缮粉刷时被覆盖住。

妙应寺白塔巍峨精美、匀称挺拔，是喇嘛塔中最杰出的建筑，是汉、蒙、藏民族团结和中尼两国友好往来的见证，具有较高的历史、文物和艺术价值。

名家笔下的北京妙应寺白塔

梁思成《中国建筑史》："在北京阜成门内。元之圣寿万安寺也。世祖于至元八年毁辽旧塔改建今塔。塔亦瓶形，立于崇峻之双层须弥座上。须弥座平面为折角四方形，殆即清式所谓四出轩者。宝瓶肥短，其下为庞大之覆莲瓣。其上塔脖子平面亦为四出轩。十三天收分紧骤，成为下大上尖之圆锥体。其上金属宝盖及宝珠。"

罗哲文《中国古塔》："妙应寺白塔是喇嘛式塔，也就是比较原始形式窣堵波的代表作品。塔高五十米九，是我国现存最大而年代又早的一座喇嘛塔。……根据对许多喇嘛塔的分析，相轮这一部分是鉴别这种类型塔的年代的标志。凡早期的喇嘛塔，十三天部分较为粗壮，下大上小，形如锥状。到了明清时期，这一部分逐渐改变，上下的大小逐渐接近，许多清代喇嘛塔的'十三天'几乎接近柱状了。"

张驭寰《中国塔》："喇嘛塔出现甚早，远在南北朝及隋唐之初，就有了与其形象相似的壁画。从天龙山石窟、云冈石窟的石壁上可以看到刻有喇嘛塔雏形的作品，但作为喇嘛教建筑物的塔在各地进行营造，始于元朝时期。元代至元八年，在大都建造大舍利灵通之塔（即现在北京妙应寺喇嘛塔），是喇嘛塔中最早的一座。”

常青《中国古塔的艺术历程》:“妙应寺塔是根据阿尼哥从尼泊尔带来的佛塔样式建造的，它的蓝本是古代印度比较原始的覆钵式佛塔，这种覆钵式塔一直被藏传佛教所惯用，所以人们俗称‘喇嘛塔’。由于塔的表面一般都涂抹着白灰，颜色洁白，又俗称‘白塔’……妙应寺白塔的建成，不仅为中国古老的佛塔增添了新型的种类，也给藏传佛教的覆钵式塔制定了中央模式。”

居庸关过街塔

现存最大最精美的过街塔座

居庸关过街塔

居庸关位于北京市昌平区八达岭之山麓，是北京的重要关门。

战国时代，燕国就在扼控此口。秦始皇修筑长城时，将士卒、民夫、囚犯徙居于此，意为“徙居庸徒”。汉代沿称居庸关，三国时期改名西关，北齐时改名纳款关，唐代有居庸关、蓟门关、军都关等名称。

居庸关形势险要，是北京西北的门户，自古是兵家必争之地。居庸关有南北两个关口，南为“南口”，北为“居庸关”。现存的关城是明洪武元年（1368）明太祖朱元璋派遣大将军徐达、副将军常遇春督建，其后又屡经修缮。

居庸关南口山脊上筑有长城，号称“天下第一雄关”。

居庸关两侧山岳高耸，中间有长达 18 千米的溪谷，俗称“关沟”，花木茂盛，因此，“居庸叠翠”是历史上的燕京八景之一。

清末，居庸关关城建筑逐渐荒废，但关城依旧保留众多历史遗迹。

1961 年，居庸关云台被国务院列入第一批全国重点文物保护单位名单；1987 年，联合国教科文组织将其列入世界人类文化遗产。

过街塔的由来

按照塔的形制，因过街塔常常在高台上建有喇嘛塔，一直被认为属于喇嘛塔的范畴。其实，藏地并无过街塔这种形制。近年有学者认为，汉地过街塔是蒙元时代藏传佛教建筑进入汉地时，套用西夏三塔龛和汉地城关式建筑而形成的一种变化样式，不属于藏地传统的建筑形式。元代学者欧阳玄在至正三年（1343）所作居庸关《过街塔铭》称："因山之麓，伐石甃基，累甓跨道，为西域浮图，下通人行，皈依佛乘，普受法施。"可见，即使是最著名的居庸关过街塔，当时也被称作"西域塔"，而非"西番塔"。

一般的塔门，无法通行车辆。过街塔的形制特征，是建有高台，高台之上建有喇嘛塔，高台开有卷门洞，通达南北或东西，车辆行人可从洞门内通过。

过街塔具体可分为：单门洞单座塔、单门洞三座塔、三门洞三座塔、三门洞五座塔，以及金刚宝座式过街塔。

单门洞单座塔，如江苏镇江韶关过街塔，是现存最早的过街塔，竣工于元至大四年（1311）；此外如北京法海寺过街塔、桂林开元寺过街塔、青海塔尔寺过街塔、甘肃甘南州夏河县拉卜楞寺过街塔。

单门洞三座塔，如居庸关原来的形制。

三门洞三座塔，如承德须弥福寿之庙过街塔。

三门洞五座塔，如承德普陀宗乘之庙过街塔。

金刚宝座式过街塔，如昆明的金刚宝座塔。

过街塔，在佛教传播上，是元代的一种发明。从过街塔城门下走过，就算是顶戴礼佛，给信佛的人以极大方便。又由于元代大兴喇嘛教，因此塔上多为喇嘛塔。

居庸关云台

云台，是过街塔的基座，因"远望如在云端"而得名，是元代一座大型的石雕艺术精品。

云台建于元至正二至五年（1342—1345），于1345年建成，用汉白玉石筑成，台高9.5米，平面呈长方形，上小下大。上顶东西宽25.21米，南北长12.9米；下基东西宽26.84米，南北长15.57米。

台座中间开一券门，贯通南北，行人与车马可通行。元代诗人葛逻禄乃贤，曾云“三塔跨于通衢，车骑皆过其下”。

台顶四周挑出平盘两层，现有石护栏、望柱、向外挑出的排水龙首等，原建有三座白色覆钵式喇嘛塔，形制类似妙应寺白塔，元末明初毁于地震。明初曾在台基上建有一座小型佛祠，后被毁；明正统十三年（1448），复建泰安寺，又于清康熙四十一年（1702）被焚，现仅余柱础。

元代，在过街塔边上还建有一座大宝相永明寺，今已不存。

居庸关过街塔门券刻像

居庸关云台基座，是一座石刻艺术品的宝库。

卷门宽6.32米，高7.27米，卷洞长度为17.57米。券门为半个八边形，呈五边折角，券门有精致石刻，是研究佛教造像和古代文字的珍贵资料。

卷门雕刻“六拏具”，即大鹏、鲸鱼（螭吻）、童男、龙女、兽王、象王等。卷门中央，雕有一具迦楼罗，又称大鹏金翅鸟、金翅鸟，迦楼罗上半身为人形，双目圆瞪，额头中间还有一只眼睛圆瞪着，身缠七蛇脚为鹰爪形。双臂双翅张开，左翅膀上托着一个圆形，中间雕刻着一只鸟，代表太阳；右边翅膀上托着一个圆形，中间雕着一只捣药白兔，象征月亮。

“迦楼罗”是梵语音译，形象源自印度神话，居住在须弥山的北方，勇猛无比，以恶龙恶蛇为食，双翅伸展三百三十六万里，托起日月。后被大神毗湿奴收为坐骑，皈依佛法，为佛教天龙八部中的迦楼罗众。常刻于佛祖背光头顶，寓意佛祖慧眼看穿一切。

迦楼罗左右两侧，各浮雕有一童男、一龙女，外侧是两个卷藻图案。其下，各浮雕有一只形似鲸鱼的螭吻，寓意避火。

门洞券面的东西两边，浮雕图像内容基本相同：上为一位手握莲花的童男，骑着一只羊形兽王；中为一头神象，神象嘴里垂下三条璎珞，象征

“吉祥有象”，图像四周遍刻祥云；下为十字形的交杵，为护法法器，又称羯魔杵、金刚杵，寓意断烦恼、伏恶魔。整体看，构图别致，动感强烈。

券门内面，也浮雕各种花卉图案。

居庸关过街塔券洞刻像

券洞内，券顶与两侧券壁，雕刻更为丰富，造像分为五个面：券顶、券顶两面斜披、券洞内两面石壁。

券顶浮雕有五佛曼荼罗，即五组圆形图案式佛像，又译为“曼陀罗罗”“慢怛罗”“满拿啰”等，意思是坛、坛场、坛城、轮圆具足、聚集等。设立坛场，目的在于保护众佛修炼，防止魔众侵犯。

居庸关过街塔券洞刻像

券顶斜披共十尊佛像，姿势各异，分别代表着十方佛。其周围还浮雕着 1 020 尊小佛像，为明正统年间（1436—1449）补刻。佛像造型生动，雕刻技艺高超。券洞上边装饰着各种花草图案，雕刻细腻。

券洞内两面石壁中央，阴刻有 6 种文字的佛经和 5 种文字的《造塔功德记》。

券洞内两壁的四端，浮雕四天王，用许多石块拼集起整座浮雕，形制罕见。四天王源自古印度传说，住在须弥山腰上一座名为犍陀罗山的小山，各居一峰，护持一方天下。

东北角为东方持国天王，身披铠甲，手持琵琶，用音乐来使众生皈依佛教，两侧各立有一位武士胁侍。

居庸关过街塔券洞斜面佛像

居庸关过街塔东方持国天王

居庸关过街塔西方广目天王

西南角为西方广目天王，右臂缠蛇，以净眼观察世界护持众生，伸右足踏鬼怪背。左胁侍为执戟武人，右胁侍两手执笏。

东南角为南方增长天王，两手按剑，传令众生护持佛法，左足踩有恶鬼，曲右足使鬼神捧之。左胁侍为持剑武人，右胁侍为背负大箜篌武人。

西北角为北方多闻天王，右手持宝伞，右膝有鬼神捧呈，伸左足踏鬼怪。左胁侍为捧塔含笑鬼神，右胁侍为执矛武人。

四天王浮雕，形态雄劲生动。四天王手中所持的器物，在中国的寺院中被赋予了中国特色的含义。其中，南方增长天王手中的剑，象征着

居庸关过街塔南方增长天王

居庸关过街塔北方多闻天王

“风”；东方持国天王手中的琵琶，象征着“调”；北方多闻天王手中的宝伞，象征着“雨”；西方广目天王手中的蛇象征着“顺”。合在一起，寓意“风、调、雨、顺”，国泰民安。

总体看，居庸关云台基座经党项人后裔督造，沿袭了宋辽夏蒙元时期的佛教图像传承，吸收古印度艺术特征和藏传佛教的造像特征，将多元信仰融合为一个有机的整体，形成一种新的图像样式，反映了元代早期党项、蒙、汉、藏等各民族的共同信仰，是多民族共同发展的见证，代表元代宫廷艺术的成就。

居庸关过街塔南方增长天王足下恶鬼

居庸关过街塔北方多闻天王膝下善鬼

居庸关过街塔壁刻 6 种文字

洞内两面石壁中央，阴刻有 6 种文字的佛经《陀罗尼经咒》，在古代石刻中还是首例。这 6 种文字为梵、汉、蒙、藏、维吾尔、西夏。

壁刻汉字陀罗尼，分东西两处。东面为《一切如来乌瑟腻沙最胜总持》，西面为《佛顶放无垢光明入普门观察一切如来心陀罗尼》。前文列出陀罗尼，其后叙述陀罗尼所说之缘起。东面缘起为："尔后，以圣观自在菩萨之请，无量寿如来即说一切如来无量寿总持法门，后说最上塔

居庸关过街塔壁刻六体文字

居庸关过街塔壁刻六体文字拓本（梵文）

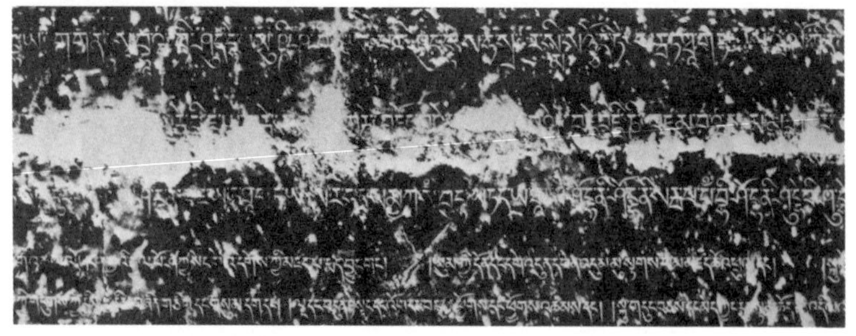

居庸关过街塔壁刻六体文字拓本（藏文）

庙之法、成就帧像之法并说护摩之法。”西面缘起为“又若于彼一切故，塔重加修饰，获不退转当来证得无上正等正觉，利益人天迨及蠕动。功德无量不能称赞。”

此外，还有汉、蒙、藏、维吾尔、西夏 5 种文字阴刻的《造塔功德记》。汉文末尾，有“元至正五年岁次乙酉九月吉日西蜀成都宝积寺僧德成书”的题记。

西夏文是西夏党项族语言的文字，创制于 1036—1038 年，又名河西字、番文、蕃书、唐古特文。西夏文参照汉字的“六书”理论，多采用合成法造字，有大量会意合成字和音义合成字，考古发现有近 6 000 字。西夏文属汉藏语系的羌语支，表意文字，形体方整，笔画繁冗，结构仿汉字，曾在西夏王朝盛行了约两个世纪。

八思巴文是元世祖忽必烈的国师八思巴创立的蒙古新字或“蒙古字”。八思巴文为拼音文字，脱胎于藏文，共有 41 个字母，于蒙古至元六年（1269）颁诏推行，世称“八思巴蒙古新字”。1368 年元朝灭亡后，八思巴文逐渐被废弃。

西夏文与八思巴文流传时间较短，居庸关的石刻文字对破译古代文字和研究西夏、蒙古历史，提供了非常珍贵的实物资料。

居庸关云台基座有 6 种文字的刻石，其原因在于元朝版图广阔，国内各民族所使用文字多样。

另外，居庸关历史悠久，风光秀美，也吸

居庸关过街塔壁刻六体文字拓本（八思巴文）

居庸关过街塔壁刻六体文字拓本（汉文）

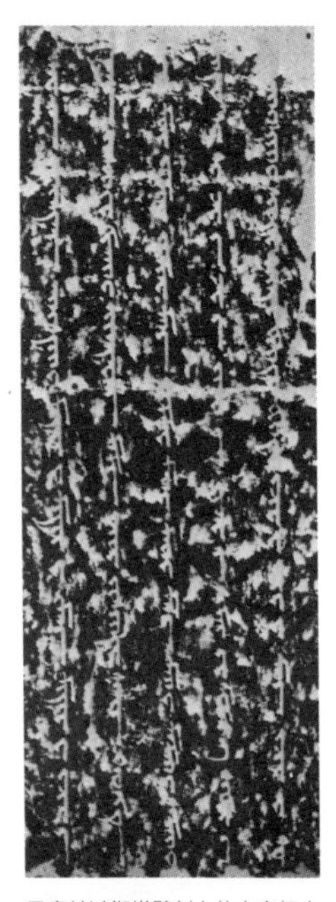

居庸关过街塔壁刻六体文字拓本（维吾尔文）

居庸关过街塔壁刻六体文字拓本（西夏文）

引了文人墨客写下大量诗词赋，形成碑刻，共有诗词 170 首，现存石碑近 20 块。

居庸关过街塔的建造意图

巍峨的居庸关过街塔，是元代各民族友好相处的见证，也是多民族国家一统的象征。

元代欧阳玄所撰《过街塔铭》曰："世皇至元之世，南北初一，天下之货，聚于两都，而商贾出是关者，识而不征，此王政也。皇上造塔于其地，一铢一粟，一米一石，南亩之夫，一无预焉。将以崇清净之教，成无为之风，广恻隐之心，行不忍人之政，冥冥之中，敷锡庶福，阴骘我民。观感之余，忠君爱上之志，油然以上，翕然以随，此志因结，岂不与是关之固相为悠久哉。且天下三重，王者行之，制度其一也。制度行远，莫先于车，三代之世，道路行者，车必同轨。今两京为天下根本，凡车之经是塔也，如出一车辙，然则同轨之制，其象岂不感著于是乎？车同轨矣，书之同文，行之同轮，推而放诸四海，式诸九围，孰能御之。"

可见，元顺帝在居庸关建塔，一方面是"报施于神明"，以精心设计和雕琢的过街塔，用佛教安定人心；另一方面，建造"壮丽雄伟，为当代之冠"过街塔，则是考虑车同轨、书同文，国家民族大同的千秋伟业。

与百年前的照片相比，云台整体经过修整，台上四周的栏杆得到修补。不过，浮雕又有一些残损。

大正觉寺金刚宝座塔

现存最早的金刚宝座塔

221

大正觉寺（五塔寺）大正觉塔

“正觉”为佛教术语，即无上正等正觉，意指真正之觉悟，无比完全的智慧和觉悟，又作正解、等觉、等正觉、正等正觉、正等觉、正尽觉。

北京地区名为“正觉寺”的佛寺共有6座，分别为西直门外正觉寺（大正觉寺）、圆明园正觉寺、西城正觉胡同正觉寺、西城宝产胡同正觉寺、东城正觉寺胡同正觉寺、宣武西草场胡同正觉寺。

大正觉寺

大正觉寺位于北京西直门外，动物园北侧，创建于明永乐年间（1403—1424），当时印度高僧班迪达贡献金佛五躯、金刚宝座规式。明成祖为其建寺，并赐名真觉寺。明成化九年（1473），建成金刚宝座规式塔，整体格局形成：以金刚宝座塔为中心，前有牌楼、山门、天王殿、前大殿，后置中大殿、后照殿，东为行宫；西为宪宗皇帝生葬衣冠塔。因寺内金刚宝座塔的高基座上有五座小塔并峙，民间又称“五塔寺”。

据中国第一历史档案馆所藏清内务府陈列档中乾隆年间《五塔寺陈列册》记载，清乾隆时为其母崇庆皇太后祝寿曾两次重修：乾隆十六年（1751）重修寺院，更名为大正觉寺；乾隆二十六年（1761），再次复修，并多有添建，山门、天王殿、大殿、碑亭等改用黄色琉璃瓦料等，成为藏传佛教格鲁派皇家寺院。

清末，五塔寺日渐衰落，仅存金刚宝座塔。寺院建筑毁于何时，是火灾还是拆毁，学术界有不同看法。

1957年，大正觉寺辟为北京石刻艺术博物馆，收藏陈列各种碑刻和石雕。

1961年，被列为第一批全国重点文物保护单位。

2013年8月，北京市文物研究所对塔前大殿殿基遗址开展了考古调查工作，探沟中未发现红烧土和碳粒，证明该寺不应是被焚毁。但具体毁坏时间和原因，还是历史之谜。

与百年前的照片相比，金刚宝座塔历经维修，较好地恢复了历史原貌。

金刚宝座塔

佛教认为，金刚部众生有一种本有的智慧，虽经无数次大劫而不朽不灭，故称“金刚”。

金刚界有五部，每部各有一位部主。金刚界五部佛祖，即五智所成的如来，按其方位，有中佛大日如来，法界体性智所成，坐骑为狮子；东佛阿閦如来，大圆镜智所成，坐骑为大象；南佛宝生如来，平等性智所成，坐骑为孔雀；西佛无量寿如来，妙观察智所成，坐骑为迦楼罗（大鹏金翅鸟）；北佛不空成就如来，成所作智所成，坐骑为桑桑鸟。

金刚宝座塔是密宗的一种佛塔建筑形式，起源于印度，现存年代最早的金刚宝座塔为印度的菩提伽耶佛塔（佛陀伽耶金刚宝塔）。

金刚宝座，就是佛的金刚座，佛成正果时的坐处，也是佛的道场。佛教认为，此处永不陷毁，故名金刚。在此建塔，为金刚塔；在此建台，为金刚台；座上建塔，为金刚宝座塔。

金刚宝座代表密宗金刚部的神坛，也是密宗坛城（曼荼罗）的一种形式，建筑样式为方形的塔座加上部的五座塔构成，中塔大，四周的塔小，塔形有密檐式、楼阁式、覆钵式等多种。

金刚宝座塔一般建在佛寺内，可建在寺院的前端中轴线上山门之外，或在寺院中部大佛殿后，或建于寺院中部的塔院内。

金刚宝座塔，可以独立建造，体型较大；也可建在佛殿顶端或塔顶，体型较小。

金刚宝座塔传到中国之后，形制略有变化，一是体现在金刚宝座塔的台基，比印度高很多；二是体现在五塔大小与高度不是特别悬殊，有别于印度金刚宝座塔；三是体现在加入了中国建筑元素，如琉璃瓦罩亭、斗拱、瓦陇等。

类似金刚宝座塔的形式，早有雏形。如原存于山西朔州市的石刻塔，建于北魏兴安元年（452），是一个大塔四角有小塔；山西五台山南禅寺唐代石刻塔，也是一个大塔四角有小塔；敦煌四二八窟的壁画中，也有唐代五塔形式。

元朝，喇嘛教建筑得到发展，建塔也取喇嘛塔式样。类似这样的形制开始出现，比如居庸关过街塔上原有的三座喇嘛塔。

明代，金刚宝座塔正式出现。台基广阔厚实，雕有千佛，排列整齐，栩栩如生。台上五塔争雄。

明清两代，金刚宝座塔屡有所建，如北京大正觉寺金刚宝座塔、北京香山碧云寺金刚宝座塔、北京西黄寺清净化成塔、北京玉泉山静明园的妙高塔、昆明妙湛寺塔、内蒙古呼和浩特慈灯寺金刚宝座塔、五台山圆照寺塔、湖北襄阳多宝佛塔、四川彭州龙兴寺金刚宝塔等，全国约有 20 座。

正觉寺金刚宝座塔

北京大正觉寺的金刚宝座塔，是我国建筑年代最早、形体最优美的金刚宝座式塔。

明朝永乐年间，印度高僧班迪达来中国传教，向明成祖朱棣奉献了五尊金佛和金刚宝座塔的建筑式样。朱棣亲自选址，修建真觉寺。1465 年明宪宗即位后，“念善果未完”，于成化二年（1466）“命工督修殿宇，创金刚宝座”，参照班迪达所贡的金刚宝座规式，按照印度比哈尔邦的菩提迦耶大塔，重新设计建成，建筑风格上融入了中国传统建筑与艺术的特征，于成化九年（1473）告成，形成以金刚宝座塔为中心的中外合璧的寺院。

大正觉寺金刚宝座塔，砖石结构，外为汉白玉石砌，总高 17 米，分基台和五塔两部分，整个造型敦厚而稳重。全塔共雕刻佛像 1 561 尊。

塔基石砌，平面略呈方形，长 8.6 米，宽 5.7 米，高 7.7 米。共分六层。下层为须弥座，上下枋浮雕蔓草纹。上部台身分为五层，椽檐挑出，立面略有收分。每层都雕有柱、拱、枋、檩和短檐，屋顶葺瓦。柱间为佛

大正觉寺（五塔寺）大正觉塔坛上中塔细部

龛，龛内刻坐佛一躯。基台四周共有佛像381尊。仰覆莲中的束腰部分，浮雕天王、罗汉、狮、象、马、孔雀、迦楼罗和佛八宝等图案，以及梵文六字真言。八宝又称八瑞相、八吉祥，依次为宝瓶、宝盖、双鱼、莲花、右旋螺、吉祥结、尊胜幢、法轮，在藏传佛教中表示吉庆祥瑞。此外还有梵文和藏文的偈语，以及祝福国泰民安的诗歌。

基台四面作券洞，南北两面开拱门，十字对穿，称穿心塔。正面入口上有半圆拱，门缘雕刻莲瓣，分割左右各五段，拱面中央刻有迦楼罗，左右浮雕有鳄鱼、羊、狮子、象等。拱门上有额，横书："敕建金刚宝座，大明成化九年十一月初九日造。"

自方台南面入口进入，中心有方形塔柱，四面各开有一佛龛，左右设有侧室，其后中央部分为壁体，壁体周围绕以过道。左右侧室内壁体内设有盘梯，曲折通至中央前面的阶梯室，由此可出至台上座顶上的琉璃罩亭内。罩亭是中国特有的样式，琉璃砖制成，上圆下方，仿木结构。

走出琉璃罩亭，便见五座密檐式石塔。四周有汉白玉栏杆。五塔形制，代表佛教经典中的须弥山。五座石塔平面均为方形，中塔高约8米，重檐十三层，顶部为覆钵式铜制塔刹，由仰莲、相轮、华盖、宝珠组成。传说印度高僧带来的五尊金佛就藏在这座塔中。四隅小塔形制类似，但较中塔稍低，高约7米，重檐十一层，塔刹为石制。五座塔的塔身上均有浮雕，与基台图案相似。中塔的塔座南面正中，刻有佛足一双，表示大佛的足迹遍天下。每层塔檐的檐角，均挂有藏式铜铃。

总体上看，北京大正觉寺的金刚宝座塔虽模仿印度的菩提伽耶大塔，

大正觉寺（五塔寺）大正觉塔入口

大正觉寺（五塔寺）大正觉塔坛上中塔前室细部

但在结构上采用了中国建筑元素，如短檐、斗拱，以及琉璃罩亭等，成为中外建筑形式融合的杰作。整座金刚宝座塔，就是一座大型雕刻艺术品，精细华丽，排列有致，也是明代建筑艺术和石雕艺术的代表。因此，这座宝塔是我国早期金刚宝座塔中最完美的一座，为建筑石雕艺术的珍品。

1976 年，唐山大地震波及北京，造成大正觉寺金刚宝座塔有所毁伤。在维修小塔时，发现有木塔柱，以及佛经、佛像、佛舍利等珍贵文物。

图书在版编目(CIP)数据

古塔：耸立的骄傲 / 康桥编著. —上海：上海辞书出版社，2023
(古迹寻踪丛书)
ISBN 978-7-5326-6025-4

Ⅰ.①古… Ⅱ.①康… Ⅲ.①古塔-介绍-中国②散文集-中国-当代 Ⅳ.①K928.75②I267

中国国家版本馆 CIP 数据核字(2023)第 016147 号

古迹寻踪丛书
古塔：耸立的骄傲
康 桥 编著

策划统筹 朱志凌 **题 签** 邓 明
责任编辑 朱志凌 **篆 刻** 潘方尔
李婉青 **整体设计** 零贰壹肆设计工作室
技术编辑 楼微雯 **插图绘制** 蒋欣怡

出版发行 上海世纪出版集团
上海辞书出版社(www.cishu.com.cn)
地 址 上海市闵行区号景路 159 弄 B 座(邮政编码：201101)
印 刷 浙江经纬印业股份有限公司
开 本 787 毫米×1092 毫米 1/16
印 张 14.5 插页 4
字 数 220 000
版 次 2023 年 4 月第 1 版 2023 年 4 月第 1 次印刷
书 号 ISBN 978-7-5326-6025-4/K·1236
定 价 74.80 元

本书如有质量问题，请与承印厂联系。电话：0576-83170033